요나라에 간 고려 유학생

04
고려 전기

요나라에 간 고려 유학생

글 손주현 | 그림 최현묵

스콜라

• 작가의 말 •

지피지기 백전백승

'지피지기 백전백승'이란 말을 아나요? 남을 알고 자기를 알면 백 번 싸워서 백 번 이긴다는 말이지요. 상대를 잘 알지도 못하면서 싸워 이길 수는 없습니다. 상대를 잘 구슬려 평화롭게 지내는 것도, 상대의 약점과 강점을 무기로 쓰는 것도, 상대와 나에 대해 정확히 알 때 가능한 것이지요.

조선 시대 유명한 학자 박지원의 《허생전》에는 주인공 허생이 최강대국 청나라를 이기는 길을 알려 주는 대목이 나옵니다. 양반 자제 수십 명을 청나라로 유학 보내 그들을 배워 오면 그것으로 나라의 힘을 키워 청과 대적할 수 있다고 하지요. 그 소리를 들은 구닥다리 양반들은 어떻게 그런 야만스러운 방법으로 하냐며 바로 거절합니다.

하지만 절대 불가능할 법한 방식이 그 이전 고려 시대에는 가능하다 생각되었고 실제로 시도되었습니다. 요나라를 상대로 말이지요. 고려 시대에는 요나라가 중국 송나라를 누르고 대제국으로 동아시아를 호령했습니다.

고려는 요나라와 감정이 좋지 않았습니다. 하지만 강대국을 상대로 무작정 전쟁을 할 수도 없어, 요나라를 알아볼 방법으로 어린 소년 열 명을 뽑아 유학을 보냈지요.

저는 실제로 유학생을 보냈다는 기록을 발견하고 그 소년 중 한 명의 성장 이야기를 상상해 보았습니다. 그 소년 은천은 유학생으로 뽑혀서 부모의 품을 떠나 머나먼 유목 국가 요나라의 심장으로 파고들었습니다. 그곳에서 고려인 특유의 열린 마음으로 친구들을 사귀고, 나라의 대표로 위기도 슬기롭게 극복해 내지요.

한 사람의 힘은 미약하지만 외국에 가 나라의 대표가 되면 말 한마디와 사소한 행동으로도 나라의 체면을 세울 수 있습니다. 그런 아이라면 어른이 되어 위기의 나라를 구할 힘도 발휘할 수 있을 것입니다. 말 한마디로 거란의 침략을 물리친 고려의 서희 장군처럼 말이지요. 저는 은천이가 자라서 서희 장군처럼 된다는 상상을 하며 이 이야기를 마쳤습니다.

현대 어린이는 수시로 해외를 나가고 길든 짧든 한국인으로서 외국을 경험하곤 합니다. 오늘날의 어린이들이 세계로 나갔을 때 어떻게 행동하고, 어떤 꿈을 키울지 은천이를 통해 발견할 수 있었으면 좋겠습니다.

손주현

작가의 말
지피지기 백전백승 4

문관이 되어야 하는 소년, 은천 8
수박희 ● 품계 ● 과거 시험 ● 음서 제도 ● 복건 ●
강진소 ● 몽수

설인 따위는 절대 안 된다 24
국자감 ● 예부 ● 내시 ● 요나라

펼침 정보 고려의 인쇄술과 대장경 38

거칠고 차가운 땅, 요나라 40
상경 ● 벽란도 ● 탕구트족 ● 조공 ● 곤발

날로 익숙해지는 유학 생활 56
요나라 학교 ● 거란 문자 ● 탕후루 ● 거란 불탑 ● 해동청

펼침 정보 요나라와 발해, 탁타교의 유래 74

두어연이 열리는 날　　76
요삼채 ● 유교 경전 ● 이두 글자 ● 탕구트 문자 ●
고려 사람들은 고기를 안 먹었을까?

목표를 향해 가는 세 친구　　90
고려 시대의 집 ● 서역 ● 한혈마 ● 고려 여인은 어떤 대접을 받았을까? ●
동경부 유수

펼침정보　고려 속의 외국인과 고려의 외국인 정책　114

읽고 나서 생각하기
'코리아'는 '고려'를 부르는 말　116

문관이 되어야 하는 소년, 은천

"12년 전, 금강산에서 30년 넘게 수련을 하다 상경한 스님이 남대가를 지나 죽 올라오다 하늘을 봤어. 송악산 위에 뜬 별 하나가 똥을 찍 싸네? 그런데 그 똥이 바로 대장군 댁 지붕으로 떨어지는 거라."

유모가 바느질을 하면서 백번도 더 들은 이야기를 또 시작했어요. 은천이는 못 들은 척 손바닥을 쳐올리며 발을 멋지게 뻗었어요. 수박희를 매일 한 시진씩 하겠다는 결심을 실천 중이었어요. 비록 작심한

수박희

'수박'이란 손뼉을 친다는 의미예요. 손뼉을 마주쳐 가며 무술을 하는 것을 수박희라고 하지요. 수박희는 우리의 전통 무술로서 택견이 발을 이용해서 하는 무술인 데 반해 수박희는 손을 이용해서 하는 무술이라고 할 수 있어요. 고구려의 벽화에도 수박희를 하는 모습이 있으니 오래된 무술이라고 할 수 있지요. 수박희는 고려 시대 무사들이 반드시 익혀야 하는 무술이었어요.

지 일주일 되었지만. 은천이가 못 들은 척하는데도 유모의 이야기는 계속됐어요.

"그 별똥별이 떨어지는 순간, '응애' 하는 우렁찬 울음소리가 났는데 바로 대장군의 손자……."

"나이 열두 살, 남계방 지역 최고 멋쟁이 강은천 도련님 되시겠습니다!"

늘 은천이를 그림자처럼 따라다니는 노비 여진이가 유모의 말허리를 자르며 끼어들었어요. 여진이는 5년 전 은천이 아버지가 국경 지역에 갔다가 혼자 버려진 것을 발견하고 데려왔어요. 여진족 이름이 낯설고 길어서 그냥 여진이라고 부르기로 했지요. 처음 왔을 때는 늑대 같은 사내아이였는데 지금은 어엿한 고려 총각이 되었어요. 은천이보다 세 살이 많지만 덩치도 비슷하고 생각하는 것도 또래 같아 얼마나 죽이 잘 맞는지 몰라요.

유모가 한숨을 쉬었어요.

"이제 그 무당이 굿하는 것 같은 짓은 그만하고 공부하셔요. 도련님을 낳느라 병을 얻어 여태 누워 계시는 어머님도 생각하셔야지요. 게다가 스님의 말씀이 아깝지 않습니까? 별똥별이 떨어지는 걸 보고 그 집 아이는 말을 갈고 닦으면 세상을 구할 거라고 했다니까요."

"말이 아니라 발, 아니었을까? 이렇게 발을 닦고 또 닦는 거야. 수박희에서 제일 중요한 건 손의 힘이라지만 사실 차이는 발에서 오는 거거든. 공부로 세상을 구한다는 생각은 버려. 지금은 무신들을 뽑는 무과 시험이 없지만 언제 생길지 모른다고."

"흠, 흠."

아버지가 갑자기 나타나셨어요.

"무과 시험이 생겨서 네가 무신이 된다고 해도 최고 자리에 올라 봐야 정3품이다. 임금을 세우다시피 한 네 할아버지도 종3품 상장군으로 끝내셨어. 그보다 하는 일이 없는 문신들은 쭉쭉 올라가 2품, 1품까지 가는데 말이다. 무엇보다 무신을 철저하게 무시하는 고려가 무과 시험을 만들 리가 없다."

은천의 아버지는 개경의 안전을 책임지는 장수로, 중랑장이라는 관직에 있어요. 국경까지 오가며 전쟁에서 수없이 많은 공을 세웠는데도 고작 정5품 중랑장이라고 분통을 터트리곤 했지요.

"내가 이럴 줄 알았으면 과거 시험을 봐서 문관이 되는 건데. 나와 똑같이 관직을 시작한 문관 친구는 그냥 집과 관청만 오갔을 뿐인데 벌써 정3품이라고.

> **품계**
> 고려와 조선의 관리는 등급이 매겨졌는데, 가장 높은 등급인 정1품을 시작으로, 두 번째 등급인 종1품부터 제일 낮은 종9품까지 총 18등급이 있었어요. 이렇게 등급을 나누는 제도를 '품계'라고 해요.

나는 감히 가까이 가지도 못 해."

은천이 문과 과거 시험에 장원급제하는 것이 아버지의 꿈이에요. 문신들에게 무시당하는 한을 아들이 씻어 주어야 한다며 어찌나 강조하는지 은천이의 어깨는 무겁기만 해요. 은천이는 아버지 말이 또 길어지겠다 싶어 책을 챙겼어요.

"학당에 다녀오겠습니다. 스승님께 여쭤볼 게 있어서요."

"열심히 해라. 서희 어르신은 열여덟에 과거 시험을 쳐서 3등 안에 들었느니라. 붓의 힘으로 나라를 구했으니 네가 꼭 본받아야 할 것이야."

아버지가 늘 하시는 소리를 뒤로하고 은천이는 얼른 밖으로 나왔어요. 여진이도 따라왔어요. 나오다가 옆집 사는 친구를 발견했어요. 학당은커녕 책 한 글자 안 보는 녀석이지요. 녀석은 과거 시험 안 보고 그냥 음서로 관리가 되겠다며 매일 한가롭게 놀기만 했어요. 은천이도

과거 시험

시험을 통해 관리를 뽑는 것을 '과거 제도'라고 해요. 중국 수나라에서 처음 시작한 과거 시험은 고려 4대 임금 광종이 처음으로 들여와 실시했어요. 고려 시대에는 문과 과거 시험을 통해 문신 관리를 뽑고, 잡과 시험을 통해 법률, 천문, 의학 기술 관리를 뽑고, 승과 시험을 통해 승려를 뽑았어요. 하지만 무신을 뽑는 무과 시험은 별도로 없었고, 음서 제도나 특별 등용 등을 통해 뽑혔지요.

음서로 관직에 나갈 수 있어요. 하지만 자존심 강한 천하의 강은천이 집안의 뒷배를 업고 떳떳하지 못한 관리가 될 수는 없는 법, 일단 공부를 하기로 하고 학당만은 열심히 다니는 중이에요.

"가자. 일단 잔소리 공격에는 피하는 게 상책이야."

음서 제도

관리의 자손들은 과거 시험을 치르지 않고도 관직에 나갈 수 있게 특혜를 주는 제도를 말해요. 고려 시대에는 5품 이상의 문관과 무관 자손들은 조상의 덕으로 관리가 될 수 있었어요. 조선 시대에는 2품 이상의 문무관 자손으로 제한되었고, 고려 시대와 달리 음서 제도를 통해서 관리가 된 사람은 높은 자리에는 올라가지 못했어요. 또 음서 제도로 관리가 되는 것을 부끄럽게 여겨 나중에 과거 시험을 보기도 했어요.

말은 학당에 간다고 하고서는 남대가 시장으로 길을 잡았어요. 시장에도 은천이가 공부하는 곳이 있어요. 바로 송나라 상인이 하는 가게예요.

"도련님, 그냥 학당에 가시지 시장은 또 왜……. 또 송나라 말 배우려고요? 남의 나라 말 배우는 게 그렇게 재미집니까?"

"응, 난 공자 왈 맹자 왈 하는 것보다 다른 나라 말 배우는 게 더 재미있어. 전혀 다른 말을 하는 사람들이랑 통한다는 게 얼마나 신기한 줄 알아?"

은천이와 여진이는 남대가 끝 객주에 도착했어요. 객주는 잠도 재워 주고 물건을 창고에 보관도 해 주고, 그 물건을 다른 상인에게 팔아 주기도 하는 곳이에요. 송나라 상인은 비단을 가져와 객주에 맡겨 놓고 거래를 하고 있지요. 그 상인의 조수가 은천이에게 송나라 말을 가르쳐 주고 있어요. 은천이는 객주에 도착해 송나라 상인이 머무는 건물 쪽으로 가려다 시끄러운 소리에 멈췄어요. 창고 앞에서 건장한 사내가 소리를 치고 있었어요.

"당장 내놓지 못해!"

"내가 안 가져갔다니께요!"

열 두서너 살 되어 보이는 여자아이였는데 건장한 남자의 위압적인 태도에도 기 하나 죽지 않고 맞받아쳤어요.

"어린 계집이 못된 손버릇에, 당돌하기까지 하구나. 더러운 손을 잘려 봐야 정신을 차릴 테냐."

"지가 가져갔다는 증거 있으면 손목을 자르시랑께요. 뒤져 보든가, 찾아보든가."

여자아이가 누더기 같은 옷을 들춰 가며 말했어요. 집이 없는 아이인지 머리도 쑥대밭처럼 엉망이었고, 손발이고 얼굴이고 모두 새까맸어요. 남자가 스치기도 싫다는 듯 손사래를 쳤어요.

"아침에 네년이 이 창고 앞으로 지나가는 것을 본 사람이 있다고 하

잖아!"

"지나가믄 다 도둑년이라요? 그라믄 저 개도 지나가든디 저 개도 한 번 뒤져 보든가."

말투가 남쪽에서 올라온 애 같았어요. 여진이가 구경하는 사람 하나를 붙잡고 물었어요.

"대체 뭘 훔쳤다는 거지요?"

"저 창고 안에 새하얀 비단이 가득 쌓여 있었는데 거기 들어가 은병을 담은 궤짝을 훔쳤대. 저기 봐라. 궤짝을 찾는다고 고운 비단을 다 쏟아 놨잖니."

> **은병**
> 고려 숙종 때 은으로 만든 병 모양의 화폐를 말해요.

창고 안은 온통 하얬어요. 층층이 쌓아 놓은 하얀 비단이 엉망으로 흐트러져 있었거든요. 은천이는 창고 안을 보고는 고개를 갸웃대다 고개를 돌렸어요. 여진이를 잡아끌고 재촉했어요.

"가자. 여기서 이러고 있을 시간 없어."

"잠깐만요. 저 애 얼굴을 보니까 뭘 훔치고 그럴 것 같지 않아요. 도련님 보기에는 어때요?"

"훔친 것 같진 않지만 뭐 어쩔 수 없지. 진범이 나오지 않는 한 도둑으로 몰릴 거야."

여진이가 은천이의 소매를 붙잡았어요.

"그러지 말고 좀 구해 주시죠. 불쌍하잖아요."

여진이는 예전 생각이 나서인지 발을 동동거렸어요. 자신도 5년 전 도둑 누명을 썼다가 중랑장 어른이 구해 줘서 여기까지 따라왔거든요.

"저기 도둑을 잡으러 온 순라꾼이 전부 중랑장 어른 부하잖아요. 한 마디만 하시면……."

"내 말이라고 도둑도 막 풀어 주고 그러는 거 아니잖아."

은천이는 모르는 척하고 싶었어요. 괜히 휘말렸다가 학당에 가지 않고 시장으로 온 것을 아버지가 알게 될까 봐서요.

하지만 사태가 심각해졌어요. 윽박지르던 남자가 기다란 말채찍을 들고나와 여자아이를 때리려고 했어요.

"당장 궤짝이 있는 곳을 대지 못해?"

채찍이 여자아이의 어깨를 사정없이 때렸어요. 여진이가 안타까워 은천이의 팔을 세차게 흔들었어요. 할 수 없이 은천이가 나섰어요.

"여보시게. 확실하지도 않은데 매질이라니 심하지 않은가?"

덩치 큰 남자는 복건을 쓰고 화려한 옷을 입었지만 신발이 짚신이었어요. 귀족이 아니라는 뜻이지요. 그래서 은천이는 반말로 권위를 세워 보려고 했어요. 아니나 다를까 누군가 은천이를 알아보고 중랑장의 아들이라며 귓속말을 해 주었어요.

"도련님이 모르시는 말씀입니다. 요년이 틀림없어요. 며칠째 배를 곯으며 오가는 걸 봤다고요."

"내가 오간 건 맞지만 부엌에서 숯을 나르면 밥을 준다고 해서 오간 거지 굶어 가며 오간 건 아니오. 내 일하믄 먹을 게

복건

고려 시대 평민 남자들은 천으로 만든 모자와 같은 것을 썼는데 이것을 복건이라고 해요. 10세 이상이면 썼는데 죄인들은 쓰지 못하도록 했기 때문에 일반 사람들은 복건을 쓰지 않으면 부끄럽게 생각했다고 해요.

생기는데 뭐 할라고 돈을 훔친다요?"

여자아이는 매를 맞고도 눈 하나 깜짝하지 않았어요. 그러다 여자아이의 손이 눈에 띄었어요. 숯을 나르느라 새까맸어요. 은천이는 여자아이의 손을 가리켰어요.

"보시게. 저 새까만 손을. 저 손으로 하얀 비단을 만졌다면 비단에 분명히 숯검정이 한 점이라도 남았을 걸세. 그걸 찾으면 저 애가 범인이고 아니면 범인은 따로 있네."

사람들이 여자아이의 손을 보고는 고개를 끄덕였어요.

"맞네. 들어가서 확인해 봐. 저 손에, 저 옷에, 하얀 비단 옆을 스치기만 해도 자국이 남을 걸세."

사내가 들어가 확인했어요. 여진이는 시키지도 않았는데 따라 들어가 검댕이 자국을 찾았어요. 그러고는 의기양양한 얼굴로 나왔어요.

"숯 검댕은 전혀 없어요. 범인은 다른 사람이라고요."

사내는 인정하기 싫은 얼굴이지만 사람들이 너무했다는 눈빛을 보내자 여자아이를 풀어 주었어요. 여자아이가 달려와 은천이에게 인사를 했어요.

"고맙습니다요, 도련님. 나서 주지 않으셨으면 이 야박한 개경에서 뭔 일을 당했을지 모르겠구먼요."

"얘가 하도 동동거려서 그랬어. 내가 나섰다는 게 우리 아버지 귀에는 절대 들어가면 안 되는데…….”

여진이가 냉큼 나섰어요.

"넌 부모가 없냐? 왜 객주 부엌에서 숯을 날라?"

"난 저 남쪽 강진소에서 왔어. 이름은 사미고. 우리 아버지는 도자기를 만드는 도공인데 얼마 전 개경에서 내려온 관리한테 밉보여서 개경으로 끌려왔어. 난 아버지가 하도 안 오시니까 찾으러 왔고."

드세 보였던 여자아이가 아버지 이야기를 하면서 눈물을 글썽였어요. 여진이도 덩달아 글썽였지요.

셋이 두런거리고 있는데 한 여인이 끼어들었어요. 무명옷의 저고리와 긴 치마를 입은 것이 누군가의 몸종 같았어요. 그 옆에는 머리끝에서 발끝까지 검고 투명한 비단으로 만든 몽수를 뒤집어쓴 여자가 서 있었어요. 허리춤에는 향낭이 세 개나 달려 있고, 길고 풍성한 붉은 비단 치마를 입었지요. 검은 비단 몽수만 해도 옷 몇 벌은 만들 수 있을

강진소

고려 시대에는 '향, 소, 부곡'이라는 특별한 마을을 정해 해당 신분의 사람들을 모여 살게 하고 다른 마을 사람과 차별했어요. 그중 '소'는 특별한 물건을 만드는 마을에 붙이는 것으로 금을 채취하는 마을은 금소, 은을 채취하는 마을은 은소라고 했지요. 강진은 고운 흙이 많이 나서 빛깔 좋은 도자기를 생산하는 도자기소예요.

것 같았어요. 틀림없이 부잣집 마나님이었어요. 몸종으로 보이는 여자가 사미를 가리켰어요.

"거기 너, 너 말이다. 네가 간밤에 우리 집이 온 아이지? 네가 강진 도공이 어디 있냐고 물었다며?"

몽수

고려 귀족 여성들은 머리에 검은 비단으로 만든 쓰개 천을 썼는데 이것을 '몽수'라고 해요. 발끝까지 오는 경우도 많아 얼굴부터 몸 전체를 가리는 역할을 했지요. 남에게 얼굴을 내보이지 않기 위해서라는 말이 있지만 실제로는 얼마나 돈이 많은지를 과시하는 수단으로 쓰였다고 해요.

사미가 눈을 크게 뜨고 고개를 끄덕였어요. 여자가 말을 이었어요.

"강진 도공은 우리 나리가 북쪽으로 보냈어. 홍화진이라고 국경선에 있는 성이지."

"홍화진이라고요?"

홍화진이라면 서희 어르신이 고려에 쳐들어온 거란을 말로 물리치고 되려 여섯 개의 지역을 돌려받은 강동 6주 중 하나예요. 그 먼 곳까지 보내지다니 어지간히 미운털이 박혔나 싶었어요.

"죄를 지었으니 벌을 받아야지. 감옥이 아니라 국경선 군사로 가게 된 걸 다행으로 알아. 그러니 너도 다시는 우리 주인댁에 얼씬대지 말고."

몽수를 쓴 여인이 기분 상했다는 듯 부채를 소리 내어 접었어요. 사미의 눈은 무척 억울해 보였어요. 그러나 귀족과 싸워서 이길 가능성은 없는 걸 알았는지 이내 본래대로 돌아왔어요.

"홍화진이라고요? 거긴 또 어떻게 가나……."

"왜 꼭 가려고 해. 기다리면 만나지 않을까?"

여진이의 물음에 사미가 답했어요.

"아부지가 끌려간 사이 어무이는 돌아가시고 나 혼자 남았어. 이제 딱 둘뿐인디 꼭 아부지 옆에서 살겨."

사미의 단호한 태도에 은천이 마음도 움직였어요.

"그럼 여진족과 거래하는 장사꾼을 찾아봐. 그 사람을 따라가면 될 거야."

사미는 고맙다며 연신 고개를 숙였어요. 고마운 것은 확실히 고마워하고 부당한 것은 단호하게 맞서는 아이였어요. 은천이는 사미가 무척 마음에 들었어요. 그래서 사미와 헤어지고도 아버지를 잘 찾으라고 마음속으로 빌어 주었어요.

사미와 헤어지고 은천은 그제야 송나라 상인이 일 보는 곳으로 갔더니 말을 가르쳐 줄 상인의 조수가 심부름을 가고 없었어요. 얻은 것 없이 집으로 돌아오면서도 사미를 구해 주었단 생각에 마음이 뿌듯했어요. 그러다 문득 걱정되었어요.

'홍화진까지는 또 어떻게 가려나…….'

은천이는 저고리에 달린 옥 단추 하나를 떼서 여진이에게 주었어요.

"가서 그 사미라는 애한테 주고 와."

여진이가 쏜살같이 뛰어 나갔어요.

설인 따위는 절대 안 된다

다음 날이 되었어요. 아침부터 여진이가 입의 혀처럼 굴었어요. 시키지도 않았는데 세숫물을 대령하고, 아침밥을 먹을 때도 맛난 반찬은 다 앞에 놓아 주었어요. 사미에게 옥 단추를 주었다고 유난을 떠는 것이지요.

아침을 기분 좋게 먹고 은천이는 학당에 갔어요. 몇 년 후 국자감에 들어가려면 열심히 공부해야 해요. 국자감에 들어가야 과거 시험을 쉽게 준비할 수 있어요. 아버지의 첫 번째 소원은 은천이가

국자감

고려 시대에 유학을 가르치는 최고의 국정 교육 기관이에요. 국자학, 태학, 사문학 등의 학교를 두었는데, 국자학에는 3품 이상, 태학에는 5품 이상, 사문학에는 7품 이상의 자손과 서인이 입학할 수 있었고, 전문 학과인 잡학 3부(율학, 산학, 서학)에는 모두 8품 이하의 자제와 서인이 입학할 수 있었어요.

국자감에 들어가는 것이므로 하루라도 공부를 쉴 수가 없어요.

학당에 도착하니 스승님이 반갑게 맞았어요. 은천이를 보자마자 불러서 중요한 일이라며 문서를 보여 주었어요.

"요나라의 성장이 심상치 않다. 우리 고려는 요와 송 사이에서 적절하고 현명한 외교를 할 필요가 있지. 해서 두 나라의 말을 잘하는 인재가 고려에는 필요하단다. 예부에서 요나라 거란 말을 배우라며 남자아이를 열 명 뽑아 보낸다고 하더구나. 내가 너를 추천했다."

스승님은 은천이 송나라 말과 여진 말을 잘한다는 것을 알고 있었어요. 은천이 놀라 물었어요.

"그럼 거란 말을 하는 설인을 키우는데 저에게 가라는 말인가요?"

'설인'이란 '통사'라고도 하는데 외국 말과 고려 말을 통역하는 사람이에요. 설인은 통역을 하면서 두 나라의 운명을 좌지우지할 수 있기 때문에 중요한 사람이지요. 나라를 오가며 장사도 해서 부자가 될 가능성도 크고요. 하지만 기술 관리라 문관과는 거리가 멀어

예부

고려는 왕 아래 오늘날의 국무총리 격인 '문하시중'이 있고, 나랏일을 검토하고 결정하는 '중서문하성'과 직접 나랏일을 하는 '상서성'이 있어요. 상서성 아래 나라의 행정 영역을 여섯 개로 나누어 맡은 6부가 있는데 '이, 병, 호, 형, 예, 공부'가 그것이지요. 예부는 외교와 각종 나라 의식과 제사 등을 맡은 기관이에요.

무신보다도 더 괄시를 받지요.

"아버지가 아시면 깜짝 놀랄 것입니다."

"네가 말 배우는 데 재능이 있는 것은 확실하다. 문관 관리도 좋지만 네 재능을 살리면 너도 좋고 나라도 좋을 것이다. 내일 예부에서 너를 보러 온다고 했으니 뽑히거든 다시 이야기하자꾸나."

집에 왔더니 아버지가 벌써 소식을 듣고 돌아와 있었어요.

"설인이라니! 고작 설인이나 되려고 머나먼 나라로 간단 말이냐! 안 될 말이다. 가려면 송나라로 가서 송나라 국자감에서 공부하고 송나라 과거를 보아야지."

"스승님이 그러시길 꼭 설인이 되는 것은 아니고 문관 관리도 외교에 거란 말이 필요해서래요. 하지만 저도 춥고 메마른 요나라에 가기는 싫어요. 사부님이 이미 저를 추천해서 내일 예부 관원이 학당에 저를 보러 온다니 큰일이에요."

아버지가 한숨을 쉬었어요.

"내가 너를 위해 다 계획을 세워 놓았건만 네 스승이 발을 거는구나."

아버지의 꿈은 은천이가 국자감에 들어가 일찌감치 장원급제를 하거나 송나라에 유학 가서 과거에 급제하고 돌아와서 내시가 되는 것이에요.

"내시가 되었다 하면 정1품까지 무난하게 올라갈 수 있거늘 더 열심히 공부해도 부족한데, 요나라로 가서 그 나라 말이나 배우라는 게 말이 된단 말이냐. 내일은 학당에 가지 말고 나를 따라가자. 몸이 아프다고 피하면 설마 억지로 잡아가기야 하겠니."

다음 날 아침, 아버지는 여진이를 학당에 보내 은천이가 병이 들어 학당에 가지 못한다고 전하도록 했어요.
"예부 관원이 집으로 찾아올지 모르니까 의원에게 갔다고 둘러대고 나를 따라가도록 하자."
은천의 아버지는 요즘 대장경을 만드는 곳에서 송에서 온 기술자들과 관리들의 호위를 맡고 있어요. 은천이가 송나라 관리들을 가까이하면 좋겠다 싶어 데려가는 것이에요. 송나라 말을 연습할 수 있겠다 싶어서 은천이도 냉큼 따라나섰어요.

내시

궁궐 안에서 왕족을 위해 일하는 거세한 남자를 '환관'이라고 부릅니다. 조선 시대에는 이 환관을 다른 말로 '내시'라고 불렀지만 고려 시대에는 둘의 의미가 엄연히 달랐습니다. 고려 시대의 내시는 일반 관리 중 왕 근처에서 아주 가깝게 왕을 모시는 신하를 가리킵니다. 고려 내시들은 다른 고위 관리들과 함께 왕의 행차에 동행하였을 뿐 아니라 왕명의 초안을 작성하거나, 유교 경전을 강의하고, 왕실 재정을 관리하였으며 때로는 국왕을 대신하여 궐 밖 민심을 살피기도 하였어요.

커다란 지붕만 있는 건물에서 사람들이 웃통을 벗고 일하고 있었어요. 어떤 사람은 나무를 판자 형태로 자르고, 어떤 사람은 다듬었어요. 은천이는 무슨 일인가 싶어 아버지에게 슬쩍 물어보았어요.

"대장경이면 부처님의 말씀을 모아 놓은 책을 말하지요? 나무로 어떻게 대장경을 만들지요?"

"내가 듣기로 부처님 말씀을 일일이 손으로 쓰는 게 아니라 저렇게 나무판을 만들어 그 위에 글씨를 새긴다고 하더구나. 그래서 목판 대장경이라고 부르지. 그리고 그 글씨에 먹물을 묻힌 다음 종이를 얹어 문지르면 글자가 찍히는 거지. 그러면 수십 장, 수백 장을 찍어 낼 수 있단다."

송나라에서 처음으로 대장경을 만들고 그 기술자들이 고려에 가르치러 왔어요. 아버지는 병사들을 살피러 가시고 은천이만 남았어요. 은천이는 일하는 사람들 곁으로 다가가 보았어요. 송나라 기술자가 사람들에게 몸짓, 발짓으로 뭔가를 말하고 있었어요. 고려 기술자가 송의 기술자에게 말했어요.

"이 솥에 소금을 더 넣으라고?"

소금을 집어 솥에 뿌리는 시늉을 하니 송의 기술자가 고개를 끄덕였어요. 고려 기술자가 가슴을 치며 말했어요.

"대체 얼마나 넣으라는 거야? 답답해 죽겠네. 설인은 어디로 간 거지?"

"다른 일을 봐주러 갔어. 여기만 붙어 있을 수 있나."

고려 기술자들끼리 하는 말에 송의 기술자가 화를 냈어요. 얼마나 답답했는지 소리를 버럭 질렀어요.

"한 주먹 더 넣으라고!"

송나라 말에 고려 기술자들이 고개를 갸우뚱했어요. 은천이가 다가가 통역을 해 주었어요.

"한 주먹 더 넣으래요."

그제야 고려의 기술자들이 웃었어요.

"한 주먹? 도련님, 저 말을 알아듣는 겝니까?"

은천이가 고개를 끄덕였어요. 고려의 기술자들이 신기하다는 듯 바라보았어요.

"그러시거든 여기서 말 좀 풀어 주시지요."

송의 기술자도 상황을 이해하고 은천이에게 송나라 말을 했어요.

"소금을 한 주먹 정도 더 넣고 나무에 완전히 스밀 때까지 폭폭 삶아야 나무판이 뒤틀리지 않소."

"소금을 더 넣고 폭폭 삶아야 나무판이 반듯하대요."

완벽하진 않지만 얼추 무슨 말인지 알아들을 수 있어 다행이었어요. 송의 기술자가 설명하고 은천이가 바꿔 말해 주기가 한참 계속됐어요.

옆방에서도 은천이를 불러 통역을 부탁했어요.

"판 끝에 작은 막대기로 마구리를 끼워 주래요."

"그래요? 왜 마구리를 끼우지?"

"판하고 판 사이가 붙지 않도록 그러는 거래요."

역시 이런저런 과정을 대충 알아듣고 해석해 주었어요.

"크음."

헛기침 소리에 돌아보니 나이 지긋한 할아버지가 서 있었어요.

'자주색에 소매가 긴 관복이다. 굉장히 높으신 분이구나.'

관리의 옷을 보고 은천이는 바짝 긴장했어요. 관리가 물었어요.

"송나라 말을 어디서 배웠느냐?"

"송나라 상인의 조수에게……."

주눅이 들어 제대로 대답하기 힘들었어요.

"오가다 배웠는데 그 정도란 말이지. 흠."

"우리 도련님은 여진 말도 잘해요."

여진이가 속없이 끼어들었어요. 관리가 다시 물었어요.

"어느 집 아이냐?"

"이곳 치안을 맡은 중랑장 강궁진의 아들입니다."

관리는 말없이 고개만 끄덕이고 돌아섰어요. 은천이는 뭔가 잘못된 것 같아 찜찜했어요. 하지만 여기저기서 불러 대는 일꾼들 등쌀에 금방 잊어버렸어요.

 그 뒤 며칠 동안 은천이는 학당 대신 밖으로 돌아다녔어요. 시장도 가고 대장경 만드는 곳도 다녔어요. 그렇게 지내며 지루해질 때쯤 아버지가 붉으락푸르락한 얼굴로 돌아왔어요.

 "큰일 났다. 모든 게 들통났어."

 "뭐가요?"

 아버지가 한숨을 내쉬었어요.

 "너를 일부러 학당에 보내지 않은 것 말이다. 예부의 판사께서 너를 어찌 아시고 요나라에 보낼 아이 명단에 넣었더란다. 그런데 학당에 널 보러 간 예부 관원이 네가 아파서 안 나왔더라고 보고를 했나 보더라."

요나라

요나라는 916년 중국 북부와 몽골 지역에 거란족이 세운 나라예요. 한반도 북쪽부터 몽골에 이르기까지 거대한 제국을 세워서 거란제국이라고도 부르지요. 러시아나 동유럽 일대에서는 중국을 거란으로 알고 있을 정도로 대단한 명성을 떨쳤던 나라예요. 고려가 세워지기 몇 년 전에 세워져서 일대를 차지하고 송나라를 비롯해 주변 여러 나라를 군사력으로 굴복시킨 후 각종 귀중품과 금, 은을 받을 정도로 번영을 누렸지요. 건국 후 200년가량을 유지하다 여진족이 세운 금나라에 의해 멸망했어요.

은천이는 가만히 생각해 보았어요.

'그날 찜찜한 게 그거였어.'

하얘진 은천이 얼굴을 보고 아버지가 물었어요.

"왜 그러느냐? 예부의 판사가 너를 어찌 알았을까?"

"그날……. 대장경 만드는 걸 구경한 날 뵈었어요. 그 자주색 관복을 입은 할아버지."

아버지가 털썩 주저앉았어요.

"네가 송나라 말을 통역하는 걸 들으셨구나. 큰일이다. 오늘 나를 불러 어찌나 역정을 내시는지, 휴."

"그럼 어떻게 되나요?"

"뽑히면 가야 할 것 같다. 들어 보니까 요나라 말을 아는 전문가를 키우는 것이 고려의 흥망을 결정하는 일이라고 하더라. 송나라도 요나라에 꼼짝 못 하고 해마다 물자를 보내야 한단다. 우리와 같은 민족이었던 발해도 거란이 멸망시켰지 않느냐. 고려도 그리 되지 않으려면 대비를 해야 해. 요나라와 친교를 맺든 전쟁을 하든 요에 대해 잘 알아야 유리하단다."

아버지의 말이 달라졌어요. 아마 크게 곤욕을 치른 것 같았어요. 은천이는 아버지에게 미안했지만 투정을 부려 보았어요.

"춥기만 하고 아는 사람이 하나도 없는 요나라에 가기 싫어요."

"안 가겠다고 하긴 힘들 것 같구나. 널 빼돌렸다며 어찌나 노발대발 하던지. 네가 뽑혀서 학업을 무사히 마치고 와야지, 대충 하다 임무를 완수하지 못하면 틀림없이 일부러 그랬다고 할지 모르겠다."

아버지의 한숨이 길어졌어요. 가는 것도 문제지만 가서도 잘해야 한다는 건 더 큰 문제였어요. 은천이는 눈앞이 깜깜해졌어요.

"얼마나 있어야 하죠? 몇 명이나 가요?"

"2년이다. 열 명을 뽑는다고 하더구나. 예부의 판사 어른은 능력이 뛰어나서 임금 다음 자리인 문하시중이 될 거다. 그러니 네가 잘하면 너에게도 나에게도 도움이 되겠지. 하지만 중간에 문제라도 생기면 나부터 문제가 생길 것 같다."

아버지의 걱정에 은천이 마음이 점점 바뀌었어요. 은천이가 잘하지 못하면 아버지가 중랑장 자리에서 쫓겨날지 모를 일이에요. 해서 험하고 추운 북쪽 오랑캐 나라에 죽어도 가기 싫다는 마음에서, 고생을 각오하고 가서 열심히 하고 오자는 마음으로 바뀌었지요.

"여진이는요? 여진이와 함께 가도 되겠죠?"

"각자 개인 노비는 안 되고 학동들을 돌볼 심부름꾼이 두엇 붙는다고 하더라."

아버지의 설명에 은천이는 더욱 아득해졌어요.

"열 명의 학동을 뽑아 가는데 귀족의 자제도 있고 설인들의 자제도 있단다. 요나라에서 귀족의 자제도 노비들을 주렁주렁 달고 오지 말라고 요청했다는구나. 다들 제 손으로 밥이나 챙겨 먹을 줄 알겠느냐마는 각자 노비를 챙기면 열이고 스물이고 한없이 늘어서 관리하기 힘드니까……."

설명하는 아버지도 안타까운지 끝까지 설명하지 못했어요.

# 고려의 인쇄술과 대장경

'대장경'이란 부처님의 가르침과 그것에 대한 해석을 담은 불교 경전을 말해요. 이 경전을 나무판에 새기는 작업을 송나라에서 처음 하였는데 이것을 '북송 관찬 대장경'이라고 부르지요. 송나라로 간 고려의 사신 한언공이 이 대장경을 고려로 들여왔어요. 이것을 보고 고려도 대장경을 만들게 되었지요. 나무판에 불경을 새기는 것은 한두 개로 끝나는 것이 아니에요. 보통 몇 만 개의 나무판에 일일이 새기기 때문에 무척 공이 많이 드는 작업이지요. 사람들은 이런 정성을 들임으로써 부처님을 감복시킬 수 있고, 부처님은 그 답으로 나라를 지키거나 위기를 극복하는 힘을 준다고 믿었어요. 그래서 송나라 고려뿐 아니라, 요나라 금나라도 대장경을 만드는 데 열을 올렸어요. 한마디로 당시 동아시아에서 크게 유행했던 문화라고 할 수 있지요.

고려는 현종(1018년) 때 거란이 침입해 개경이 점령당하는 위기에 몰렸는데 이것을 극복하기 위해 고려인들이 대장경을 제작하였어요. 이것을 '초조대장경'이라고 부르는데 6천여 장의 이 목판 대장경은 70년에 걸쳐 완성되었어요. 실제로 초조대장경을 만들기 시작하면서 거란족은 스스로 물러갔고 사람들은 대장경의 힘을 더욱 믿게 되었지요.

초조대장경은 아쉽게도 몽골이 침입했던 때(1232년) 불에 타 없어져 버리고 말아요. 고려인은 몽골의 침입을 부처님의 힘으로 막아 보기를 기원하며 다시 대장경을 만들었는데 제작을 시작한 지 16년 만에 완성을 축하하는 의례를 올릴 수 있었어요. 8만 장이 넘는 목판으로 만들어서 '팔만대장경'이라

고 부르는 이 대장경은 몽골군을 피해 강화도로 들어가 강화도에서 만들고 여기에 보관했어요. 그러다 조선 시대에 합천의 해인사로 옮겨져 지금까지 보관되어 있지요. 팔만대장경을 변하지 않게 보관할 수 있도록 과학적으로 설계된 곳이 해인사의 장경각인데, 팔만대장경과 함께 장경각도 국보로 지정되어 있어요. 또 장경각은 유네스코 세계문화유산이기도 해요.

팔만대장경은 엄청난 권수에 놀랄 뿐 아니라 글자의 아름다움, 목판 기술의 정교함 등에서도 세계 최고를 자랑해요. 그리고 대장경에 새긴 수많은 사람의 이름과 이것을 제작한 상황과 참여한 사람들을 분석함으로써 당시의 사회를 알 수 있는 중요한 자료가 되기도 하지요.

대장경 만드는 과정

❶ 너무 단단하지도 무르지도 않은 나무들을 골라 자른다. 쓰러진 나무를 2, 3년간 묵힌다.

❷ 묵힌 나무를 넓적하게 판으로 자른다. 가로 70센티, 세로 24센티 내외, 두께는 2.6센티, 무게는 3, 4킬로 정도이다.

❸ 판을 바닷물에 담가 두었다가 꺼내 다시 소금물에 삶아 기름기를 뺀 후 3년 동안 바람에 말린다.

❹ 완전히 마른 판을 대패로 다듬은 후 글자를 새긴다.

❺ 나무판 위에 옻칠한 후, 양 끝에 판보다 두꺼운 막대인 마구리를 끼워 다른 판과 붙지 않도록 한다.

거칠고 차가운 땅, 요나라

"제가 꼭 따라갈게요. 길에서 자는 한이 있어도 꼭 쫓아갈 테니까 걱정하지 마세요."

여진이는 자신을 놓고 간다는 말에 며칠간 결의를 불태웠어요. 친형제처럼 지내다시피 해서 여진이와 떨어진다는 게 불안했지만 은천이는 아무렇지도 않은 척했어요.

"너까지 고생하지 말고 아버지 심부름이나 잘하고 있어."

요나라로 출발하는 날, 열 명의 학동들은 벽란도의 벽란정 앞으로 모여야 했어요. 압록강을 건너 북으로 걸어가는 방법도 있지만 너무 오래 걸리고 힘들어 벽란도에서 배를 타기로 했어요. 배로 요나라의 중요한 도시인 중경으로 바로 가서, 그곳에서 요나라의 수도 상경까지 걸어가기로 한 것이지요.

첫 출발지인 벽란도는 개경으로부터 30리 길. 은천이와 아버지, 여진이는 새벽 일찍 말을 타고 출발했어요. 유모도 따라오겠다는 것을 어머니나 돌보라며 뜯어말렸어요. 은천이가 멀리 떠난다는 소리를 듣고 시름에 빠져 어머니의 병이 더 깊어졌거든요.

벽란도는 개경에서 가까워 금방 도착했어요. 예성강이 끝나는 곳에 자리 잡은 이 나루터는 시도 때도 없이 오가는 배들로 늘 바빴어요. 송

상경

요나라의 수도. 요나라는 전국을 부와 부 아래 주, 주 아래 현으로 나누었어요. 부의 중요 지역을 남경, 동경, 서경, 중경으로 정하고 상경과 함께 5경으로 불렀지요.

벽란도

고려 시대 개성 근처 예성강 하구에 자리 잡은 국제 항구. 송나라 상인과 아라비아, 동남아시아, 일본 등 여러 나라의 상인들이 물건을 들여와 무역했어요.

나라뿐 아니라 대식국(아라비아)과 남쪽의 여러 나라 배들이 신기한 물건을 들여오고 고려의 인삼이나 붓, 종이 등을 사 가느라 끊임없이 오갔지요.

"신기하게 생긴 사람들이 많지요? 요즘은 섬라곡국(태국)이나 교지국(베트남) 배들이 더 늘었습니다. 왜나라 배들도 부쩍 많이 드나들고요."

벽란도에서 일하는 관리 하나가 아버지 옆에 서며 말했어요. 아버지와 관리가 바다를 바라보며 생각에 잠겼어요. 뒤로는 엄청나게 많은 수레가 오갔어요. 배에서 갖가지 비단과 항아리, 약재들을 내려서 개경으로 보내고, 고려가 제일 잘 만드는 종이와 붓, 도자기는 배에 실었어요. 은천이는 진귀한 물건들을 구경할 수 있는 것도 좋았지만 특이하게 생긴 사람들이 오가는 것도 무척 신기했어요. 그때, 한쪽에서 아이들의 우는 소리가 들렸어요.

"가기 싫어요, 아버지. 흑흑."

"저도 안 갈래요. 거기까지 어떻게 가요."

요나라에 가야 하는 아이들이 가기 싫어 떼를 쓰는 것이었어요. 은천이도 울고 싶은 마음은 굴뚝같았지만 일부러 씩씩한 척했어요.

"잘 다녀오겠습니다."

"무관의 아들답게 씩씩하군요. 열 명의 학동 중 제일 똑똑하다고 소문이 자자합니다. 좋으시겠습니다."

은천이가 인사하는 것을 보고 관리가 칭찬했어요. 아버지는 얼른 배에 타라고 손짓을 했어요. 마음이 안 놓이는 표정이었지만 애써 태연한 척하였지요.

은천이와 아이들이 배에 올랐어요. 다들 뱃전에 서서 손을 흔들다가 배가 출발하자 대를 붙잡고 눈물을 흘렸어요.

'점점 멀어지는구나.'

은천이는 멀어지는 아버지와 여진이를 보며 요즘 고려 백성들 사이에서 유행한다는 슬프디슬픈 노래라도 부르고 싶어졌어요. 태어나서 처음으로 혼자가 되는 거라 너무 떨렸거든요.

"신라의 최치원은 열두 살의 나이에 혼자 당나라에 가서 유학하고 나중에 당나라 과거까지 합격했어. 최치원도 하는데 나도 할 수 있지! 힘내자, 강은천!"

은천이는 붓을 찾아 기록했어요. 커서 수시로 드나들지 모르는 여행길, 그림과 글로 자세한 것들을 기록해 두면 무척 유용할 것 같았어요.

'날씨나 풍경, 거란족의 생활 모습을 적어 두면 오래도록 기억할 수 있을 거야.'

뱃길은 무척 험했어요. 아이들은 뱃멀미가 나서 정신을 차리지 못했지요. 배에서 내려 요나라 땅을 밟자마자 차가운 공기가 온몸으로 파고들었어요.

"봄이 온 지가 언젠데 여긴 아직도 겨울인 것 같아."

같이 온 아이가 한숨을 쉬며 말했어요. 쉬어 가기로 한 역관에 도착해서도 한숨은 계속되었어요. 어떤 아이는 병이 나서 몸져누웠어요. 요나라 땅에 도착하자마자 발해인 출신 관리가 마중을 나왔어요. 고구려 후손들이 세운 나라가 발해예요. 한때는 거대한 제국을 세웠지만 요나라에 정복당했지요. 관리는 발해 귀족 출신이라 고려 말도 잘하고 거란 말도 잘해서 통역하기 위해 파견되었대요. 발해 출신 관리가 아픈 아이들을 위해 역관에서 충분히 쉬었다 가자고 제안했어요.

은천이 일행이 머문 역관에는 여행객들이 많았어요. 요나라의 거란족 사람들도 많고, 여진족이나 말갈족 사람들도 많았어요. 식당에 모여 밥을 먹는데 뒤에서 여진족 말이 귀에 들어왔어요.

"이번에 상경부 위쪽 지역에 가뭄이 들어 곡식이 비싸졌어. 우리 곡식을 싣고 가면 한 수레당 양 오십 마리 값은 더 남길 수 있을 거야."

여진족 사람들이 고려에서 곡식을 사다가 요나라에 파는 것이었어요. 아이들이 호기심에 차서 사람들을 쳐다보자 발해 출신 관리가 설명해 주었어요.

"요나라 땅이나 여진족 땅이나 너무 북쪽에 치우쳐 있어서 곡식이 잘 자라지 않는단다. 보통 양을 치고, 말을 키우며 살지. 그리고 사냥을 하거나 물고기를 잡아먹고 산단다. 아니면 남쪽으로 내려가 송나라 국경 마을을 공격해 곡식을 빼앗아 먹고 살았지. 사냥하고 곡식을 빼앗고 하는 생활 자체가 전투 훈련이 돼서 세상에서 제일 강한 민족 중 하나가 되었단다. 이제는 주변 나라인 송, 탕구트, 여진족을 모두 정복하고 거기서 곡식과 각종 물건을 받아 살고 있지."

> **탕구트족**
> 7세기에서 13세기 사이에 중국 북서쪽의 쓰촨성 북부와 칭하이 성 등에 존재했던 티베트 계통의 민족을 말해요.

그러니까 요나라는 정벌한 나라로부터 비단이나 은을 받아 송이나 고려의 곡식을 사 먹고 있는 것이에요. 은천이 손을 들고 물었어요.

"그럼 요나라의 거란족은 모두 곡식을 사 먹나요?"

"예부터 한족과 꾸준히 교류해 왔기 때문에 농사를 부분적으로 짓고는 있단다. 농사를 짓기 불가능한 북쪽 지역만 곡식을 사 먹곤 하지. 하지만 원래 사냥이나 약탈로 먹고사는 사람들이라 거칠 수밖에 없어."

은천이는 요나라 거란족 사람들과는 될 수 있으면 만나지 말아야겠다는 생각을 했어요. 하지만 두 달 뒤 상경에 도착하자마자 그것이 불가능하다는 것을 알게 되었어요. 어디를 가나 거란족 사람들뿐인데 만나지 않기란 힘들었지요. 상경에 도착하자마자 고려 아이들은 거란족 틈에 끼어 경기를 구경하게 되었어요.

"이겨라! 이겨라! 달려, 가서 날려 버려!"

두 달간 부지런히 거란 말을 익혔지만 은천이 귀에는 달려라, 가라는 말만 들렸어요. 사람들 목소리가 우렁차고 거칠어서 더 알아듣기 힘든지도 몰라요. 은천이는 귀를 쫑긋 세우고 말을 더 배우려고 노력했어요.

고려 아이 하나가 반가워하며 외쳤어요.

"격구다!"

말을 타고 긴 막대기로 공을 다뤄서 구문에 집어넣는 경기를 격구라고 해요. 옛날 고구려 시대부터 있던 경기인데 고려 사람들에게 이어져 가장 즐기는 운동 경기 중 하나지요.

"격구는 우리 전통 경기인데 거란족이 왜 이걸 하지?"

"격구는 동북 방면의 민족들은 모두 즐기는 경기란다."

발해 출신 관리가 답해 주었어요. 고려 아이들은 요나라 사람들도 격구를 즐기는 것을 보니 신기했어요.

말을 탄 사람들이 긴 막대기를 들고 달리다가 공을 보고 한꺼번에 달려들었어요. 너덧 명이 부딪칠 것처럼 아슬아슬했지만 코앞에서 스쳐 지나갔어요. 한 사람이 공을 쳐 내자 공이 구문으로 빨려 들어갔어요. 이긴 편이 소리를 질렀어요. 몇 명이 기쁨에 겨워 말에서 내리며

팔짝팔짝 뛰었어요.

"아니, 아이들이잖아!"

고려 아이 중 하나가 외쳤어요. 격구를 하던 사람들은 어른들이 아니라 은천이 또래의 소년이었어요. 말을 워낙 잘 타고 격구 솜씨가 좋은 데다 어린데도 우락부락하게 생겨서 어른인 줄 알았던 것이에요.

은천이도 놀라 눈을 껌뻑이며 입을 다물지 못했어요. 거란족 남자들

의 외모는 늘 봐도 신기했어요. 특히 다 밀어 버리고 옆만 조금 남긴 곤발은 같은 사람이라도 더 우락부락하게 보이도록 했어요.

말에 탄 소년 하나가 소리를 지르며 막대기를 치켜들었어요. 시합에서 져서 기분이 나쁘다는 표시 같았어요. 아니면 공정하지 않다고 불만이 있었는지 누군가에게 달려들었지요. 맞은 편 아이가 갑작스러운 공격에 말에서 떨어졌어요.

"아악!"

떨어진 아이가 인상을 구기며 벌떡 일어섰어요. 하지만 발목을 삐끗했는지 절뚝거렸어요. 은천이 뒤에 서 있던 아이가 이것을 보고 속삭였어요.

"와, 저 아이들 무시무시하다. 말에서 떨어지고도 눈 하나 깜짝하지 않아."

학동들을 이끄는 관리가 고개를 흔들었어요.

"거란족은 부모가 돌아가셔도 절대 울지 않는단다. 눈물을 보인다

곤발

북쪽 유목민이 하는 머리 모양으로 귀 옆쪽만 남기고 모두 밀어 버리는 것을 말합니다. 몽골족이 뒤쪽만 남기고 앞쪽은 모두 밀어버리는 변발도 곤발의 일종이지요.

는 것은 나약하다는 뜻이라 죽는 것보다 굴욕적이라고 생각하지. 그러니 말에서 떨어진 정도로는 절대 울지 않을 거야."

고려 아이들이 두런거리며 지켜보는데 갑자기 여자아이 하나가 뛰어나와 떨어진 아이를 번쩍 들고 한쪽으로 데려갔어요. 떨어진 아이가 소리를 질렀어요. 내려놓으라는 뜻 같았어요. 여자아이는 어찌나 힘이 센지 꿈쩍도 하지 않았어요. 남자아이는 땅에 발을 딛자마자 말채찍을 휘둘렀어요. 여자아이는 채찍을 맞으면서도 피하지 않았어요. 오히려 다친 발목을 살피려고 바짓단을 들췄지요. 그 모습을 보고 고려 학동 중 하나가 소리를 질렀어요.

"어, 저 머리 모양이랑 옷을 봐. 고려 아이야!"

여자아이는 머리를 붉은 천으로 묶은 뒤 한쪽 어깨로 내려뜨리고 있었어요. 머리에 세 개의 둥근 봉우리를 단 것 같은 거란족 여자들 머리와는 달랐지요. 외국에 와서 고려 아이가 맞는 것을 보니 갑자기 가슴에 불덩어리 같은 것이 치솟았어요. 다른 아이들도 마찬가지였는지 다 함께 달려갔지요.

"당장 그만둬!"

고려 아이 중 가장 덩치가 큰 아이가 말채찍을 잡으며 소리쳤어요. 거란 아이가 눈을 동그랗게 뜨고 보았어요. 고려 말로 했으니 알아들을 리가 없었지요. 여자아이가 고려 말을 듣고 고개를 들어 바라보았어요. 은천이는 깜짝 놀랐어요.

"사미야!"

개경에서 만난 강진소의 여자아이 사미였어요. 사미도 놀라 까무러칠 뻔했지요. 은천이와 사미는 반가워서 손을 맞잡았어요.

"도련님이 여기 뭔 일이래요?"

"거란 말을 배우라고 파견되었어. 그러는 너는 국경선에 아버지 찾으러 간다더니 거란 땅에는 웬일이냐?"

"아버지를 찾으러 갔는데 없었어요. 국경선 넘어간 지 몇 달이 되었는데 안 돌아온다고 하지 뭐예요. 기다리다 결국 찾아 나섰는데 거란족 병사들에게 붙잡히고 말았답니다. 지금 저 소 씨 집에서 노예로 일하고 있어요."

사미는 여전히 씩씩했어요. 은천이는 여진이가 생각났어요. 사미에게 유독 마음을 썼는데 이걸 보면 또 난리겠다 싶었지요.

"힘들지 않아? 몰래 도망쳐 보지 그랬어."

"아버지도 여기로 끌려온 것 같아요. 아버지를 찾으려면 여기서 일하는 게 나아요."

둘의 대화에 말에서 떨어진 아이가 끼어들며 소리쳤어요. 발해 출신 관리가 통역해 주었어요.

"다시 한번 끼어들면 죽이겠단다. 거란 남자들은 약하게 보이는 것은 질색이야. 노예라도 여자가 남자를 들어 옮기고 이러면 자존심 상하지. 거란인치고 많이 봐준 거란다."

거란 아이가 또 소리를 질렀어요. 관리가 말했지요.

"듣자 하니 사미 네가 평소에 아기 다루듯 했다는구나. 왜 말해도 고쳐지지 않느냐고 화가 많이 났어."

"저는 도련님 몸종이에요. 원래 도련님에게는 몸종이 밥도 먹여 주고 옷도 입혀 주는 거 아니에요?"

"거란 남자는 15세면 보통 결혼해서 아이를 낳는 경우도 많아. 열두세 살이면 어른이라고 생각하지. 그런데 아기 다루듯 했으니 기분이 상할 수밖에."

사미가 거란족 사람들의 습성이나 문화에 대해 몰라서 생긴 일이었어요.

"내가 잘해 줄수록 왜 화를 내는지 몰랐는데……. 화는 잘 내도 나쁘진 않아요. 먹을 게 있으면 일부러 남겨 주고 그런다니께요."

은천이가 웃으며 덧붙였어요.

"고려에서도 도련님이라고 아기 취급하면 곤란해. 우리도 열 살 넘으면 어른들 쓰는 복건을 머리에 쓰잖아. 어른으로 인정해 준다는 뜻이지."

"복건을 쓰고도 뭐 하나 제대로 못 하던데요? 전 귀족들이라면 다 그런 줄 알았지요."

그사이 발해 출신 관리가 거란 소년에게 사미에 대해 설명해 주었어요. 거란족과 고려인이 여러 가지로 달라서 그랬다는 것을 알고 소년이 부드러워졌어요. 다가와 은천에게 손을 내밀며 자신을 소개했어요.

"난 소필적이다. 너는 이번에 고려에서 온 아이라지?"

은천은 두 달간 갈고 닦은 덕에 자기소개 정도는 할 수 있었어요.

"나는 강은천이야. 사미를 잘 부탁한다."

"우리 아버지가 고려와 친한 소손녕이야."

사미가 나섰어요.

"저렇게 씩씩한 척해도 속은 여려요. 뭔 일인지 몰라도 친구들이 싫어라 해서 혼자 노는디 노상 친구들이 끼워 주지 않을까 하고 쳐다본다니께요."

"소손녕이라면 우리 고려에 쳐들어왔다가 되려 강동 6주를 돌려주고 물러난 사람이잖아. 그것 때문에 같은 요나라 사람들이 은근히 구박하는구나."

은천이는 필적이가 안쓰러웠어요. 고려인이라고 무시하는 태도도 없는 걸 보면 괜찮은 애 같아 보였어요. 마음이 통했는지 필적이도 은천이를 보고 씩 웃었어요. 은천이는 적어 둘 일이 많아 마음이 뿌듯해졌어요.

날로 익숙해지는 유학 생활

고려의 아이들이 상경에 온 지도 거의 일 년이 흘렀어요. 고려 아이들은 집이 따로 없어서 학당 한쪽 건물에서 먹고 잤어요. 학당에는 한인, 발해인, 거란인 그리고 탕구트족과 소수 민족 아이들이 다녔어요. 고려 아이들은 발해반에 들어가 한학을 같이 공부하면서 따로 거란 말도 배웠어요.

"난 거란 글자는 포기할래. 이걸 읽는 건 불가능하겠어."

요나라 학교

요나라는 당나라의 영향을 받아 과거 제도를 시행하고 그 시험을 위해 공부를 하는 학교가 있었어요. 특이한 것은 거란족은 전사로서 기질을 살리기 위해 과거 시험을 보지 못하게 했어요. 거란인들은 장수로서 전투에 참여하고 가장 높은 직위를 차지하며 나라를 다스렸어요. 과거 시험만 보지 않았을 뿐 유교 경전을 공부하고 한시를 즐기기도 하였어요. 과거 시험에 통과한 한족들은 일반 행정 업무를 담당했어요.

고려 아이들은 매일 한숨을 쉬었어요. 거란 글자는 배우기 무척 어려운 글자였거든요. 발해 출신 관리가 학당의 박사로 남아 아이들을 가르쳤어요.

"거란 글자는 한자와 비슷하니까 너무 어렵게만 생각하지 말고 조금이라도 외우도록 해라."

은천이는 외우는 것에는 자신이 없었어요. 그래서 남보다 열심히 했지요. 원래 공부를 좋아하지는 않지만 거란에서의 공부를 무사히 마쳐야 아버지 자리도 안전하고, 은천이가 얼마나 배우고 오는지 지켜볼 예부의 판사 어르신을 생각한다면 열심히 해야겠다 싶었어요. 다행히 거란 말은 엄청나게 늘었어요. 원래 말을 잘 배우는 데다 소필적이 날마다 찾아오는 덕분이지요.

"야, 강은천! 다 끝났냐?"

오늘도 필적이가 찾아왔어요.

"공부 끝났으면 집에 가지, 왜 기다려?"

"오늘도 한판 해야지."

거란 문자

거란 문자는 한글처럼 만든 사람이 분명한 문자 중 하나예요. 요나라를 세운 황제가 만들었는데 한자를 이용해 만들면서도 한자보다 더 일일이 외워야 하는 번거로움이 있어 배우기 어려웠어요. 그래서 요나라가 멸망하면서 사라지게 되었지요.

필적이는 틈만 나면 수박희를 하자고 했어요. 은천이가 가르쳐 준 뒤로 수박희에 재미를 붙였거든요. 배우자마자 금방 익혀서 은천이보다 훨씬 잘하게 되었지요. 거란족답게 몸으로 싸우는 것을 무척 좋아했지요.

"넌 진짜 친구 없냐? 왜 맨날 나야. 거란족이 안 되면 한인 아이 중에서 찾아보지 그래?"

"그 샌님들은 공부밖에 몰라. 우리 요나라 과거에는 경동과가 있는 거 알지? 열세 살 이하만 보는 과거 말이야. 그거 합격하면 엄청나게 출세할 수 있어서 한

인, 발해인 전부 거기에만 매달린다니까. 그러니 나랑 같이 놀 애가 어디 있냐?"

사미가 뭔가를 들고 달려왔어요. 필적이네 집에서 보낸 먹을거리였어요. 양과 오리로 만든 고기 요리 외에도 특별한 음식을 자주 만들어 왔어요.

"산에 밤이 열려 있어서 따다가 가루를 만들었어. 고향에서 만드는 것을 자주 보았거든. 먹어 봤지?"

은천이는 사미에게 반말을 하라고 했어요. 필적이도 셋만 있을 때는 친구처럼 지내자며 반말을 허락했지요.

"밤떡이네? 유모가 자주 해 줬었지."

오랜만에 고향에서 먹던 간식을 먹으니 기분이 좋아졌어요. 고려 말을 모르는 필적이는 묵묵히 떡을 먹었어요.

"사미가 만들어 준 고려 떡은 다 맛있어."

은천이도 열심히 먹었어요. 고려 학동들이 지나가다 보고 입맛을 다셨어요. 학동들은 먹을 것이 맞지 않아 부쩍 말라 있었어요. 고려는 불교를 믿기 때문에 짐승을 먹으면 안 돼요. 그래서 임금이나 아주 높은 사람들을 제외하고는 고기 음식은 거의 먹지 않고 채소로 만든 음식을 주로 먹었지요. 밥과 채소로 만든 반찬, 떡과 국수면 충분했어요. 그런데 요나라 땅은 채소가 다양하지 않고, 주로 직접 키운 양이나 사냥한

짐승이 많아 대부분의 음식이 고기였어요. 고기 냄새에 익숙하지 않은 고려 아이들은 식사 때마다 고역이었지요. 사미 덕분에 가끔 채소 요리를 먹을 수 있어 은천이는 늘 고마웠어요.

"다음에는 오이를 볶아 올게. 그래도 고기 음식도 같이 먹어야 해. 거란 사람들이 저렇게 덩치가 큰 게 고기 덕분이래."

지나가던 고려 아이 하나가 입맛을 다셨어요. 은천이는 떡을 들어 건넸어요. 하지만 다른 아이가 와서 빼앗고는 던져 버렸어요.

"치사하게 이런 거 먹지 마. 거란인에게만 들러붙어서 친하게 지내고 고려 아이들은 쳐다보지도 않는 저런 애가 주는 거 먹지 말란 말이야. 누가 무신 아이 아니랄까 봐 천한 노예랑 어울리고."

문신 아들이라며 늘 무리를 이끌고 다니는 아이였어요. 무신 아들이라고 은천이를 무시하면서 자기를 따르지 않는다고 싫어하는 것이었지요. 필적이가 대충 눈치를 채고 주먹다짐을 하려 했어요. 은천이가 얼른 붙잡았어요.

"나쁜 애들은 아니야. 태어나서 처음으로 혼자 알아서 해야 하는 데다 먹을 것도 마땅치 않고 공부도 힘들어서 그래."

그래도 필적이는 분을 참지 못하고 씩씩거렸어요. 고려 아이들은 겁에 질려 얼른 피했어요. 고려 아이들 뒷모습을 보며 사미가 안타까워했어요.

"나물이든 뭐든 있으면 캐서 만들 수 있는데 여기는 눈을 씻고 봐도 찾을 수가 없어. 소 씨 댁에도 채소는 엄청 귀해서 주인 가족만 먹는다니까. 재료만 있으면 학동들이 다 같이 먹을 수 있을 텐데."

필적이만 모르는 고려 말을 할 수 없어서 은천이가 더듬거리며 거란 말로 바꾸어 주었어요. 그러자 필적이가 뭔가 생각났다며 말했어요.

"얼마 있다가 두어연이 열릴 거야. 그때 맛난 걸 먹을 수 있어."

"두어연?"

"응, 알다시피 우리 거란족은 짐승 고기 말고도 물고기를 많이 잡아먹잖아. 물고기 낚시가 굉장히 중요한데 황제가 낚시해서 제일 큰 물고기를 잡으면 잔치를 하지. 이게 중요한 행사라 여러 맛있는 음식과 함께 물고기도 먹고 그래."

은천이가 얼굴을 구겼어요.

"으, 그래 봤자 또 고기잖아. 양은 누린내가 나고 물고기는 비린내가 나고."

"고기 말고 탕후루도 있어. 이건 우리 거란족의 고유 음식인데 과일을 설탕물에 묻혀 굳힌 다음 꼬치에 꿰어서 먹는 거야."

> **탕후루**
>
> 과일 꼬치를 가리켜요. 산사나무 열매나 딸기, 포도 등을 설탕물에 담가 겉을 굳힌 다음 나무 꼬치에 줄줄이 꿰어 먹는 음식이에요. 거란족의 고유 음식인 과일 꼬치가 나중에 중국 본토로 전해져 중국 사람들이 좋아하는 음식이 되었어요.

사미가 대충 알아듣고 끼어들었어요.

"아, 과일 꼬치! 맞아. 주인댁에서 손님이 오면 과일 꼬치를 내놓더라고. 거란족은 차 마시는 것과 과일 꼬치 먹는 것을 가장 귀하게 여기고 좋아하더구먼."

"과일 꼬치 말고 중요한 것은 그날 황제 폐하가 잡은 제일 큰 물고기를 학당에 내린대. 반별로 시합을 해서 제일 잘한 반에게 그 물고기를 준다더라고."

"무슨 시합을 하는데?"

"당연히 유교 경전 외우고 그런 거겠지. 한인, 탕구트, 거란, 발해, 고려, 다섯으로 나눠서 시합한대. 참, 거란 문자도 시험 본다지 아마?"

은천이는 불안해졌어요. 발해반에 섞여 시험을 보지 않고 따로 본다면 거란 문자에서 절대적으로 불리하기 때문이지요.

"너도 시험을 볼 텐데 왜 그렇게 여유를 부리냐?"

"우리 거란족은 어차피 과거를 볼 수 없어. 법이 그래. 강인한 무사로 자라 전쟁터를 누벼야 하는데 공부에 빠져 약해지면 안 된다는 황제의 뜻이지. 우린 그냥 책이 좋으면 읽고 즐기면 그만이야."

고려나 송나라 사람들은 학문을 갈고닦는 것을 무시하는 거란족이 무식해서 오랑캐답다고 흉보지만 거란족 입장에서는 학문 대신 칼의 힘을 더 중요하게 생각했지요. 박사 어른 설명에 따르면 그렇게 싸움을 좋아하고 무예를 중요하게 생각하는 습성 때문에 다른 민족을 정복해서 나라를 지탱하게 할 수 있다고 해요.

이야기 도중 문이 벌컥 열리더니 학당 하인이 얼굴을 내밀었어요.

"은천, 누가 찾아왔소."

뒤로 새카만 얼굴이 쑥 나오더니 하얀 이를 드러내고 히죽 웃었어요.

"도련님!"

"여진아!"

옷은 누더기가 되었고 얼굴은 땟국물이 줄줄 흐르는 여진이었어요.

"쫓아온다더니 진짜로 오면 어떻게 해?"

"도련님을 여기 두고 내가 어떻게 편히 지내요. 주인어른께 졸라서 왔지요. 개경에서 여진족 장사꾼을 만났어요. 들어 보니 마침 무역을 하러 요나라에 간다지 뭐예요. 그 사람을 따라왔답니다."

여진이는 말을 하면서도 눈은 다른 곳을 보고 있었어요. 사미를 발견한 것이에요. 사미도 놀라 눈이 커지더니 여진이 손을 잡고 팔짝팔짝 뛰었어요.

"여진 오라비! 여기까지 오다니."

"아니, 얼마나 봤다고 오라비야?"

은천이는 좋으면서도 퉁박을 주었어요. 필적이가 누구인가 싶어 입을 벌리고 기다리다 은천이 설명을 듣고 기분 좋게 웃었어요.

"여기는 묵을 데가 없으니까 우리 집에 가자. 사미가 챙겨 주면 될 거야."

셋은 한참을 떠들고 놀다가 밤이 되어 은천이 방을 떠났어요.

다음 날, 수업 시간에 박사 어른이 모두에게 알렸어요.

"두어연이 열린다. 그날 잡은 황제의 물고기를 가장 성적이 좋은 반에 내리게 된다. 물고기를 받지 못해도 성적은 굉장히 중요하다. 각 나라의 명예를 걸고 하는 시합이니만큼 다들 관심이 많기 때문이지. 이번 성적이 연말에 있을 평가에 반영될 뿐 아니라 고려의 조정에도 알려질 것이다."

잘하고 올지 눈을 부릅뜨고 지켜볼 예부의 판사 어르신이 떠올랐어요. 은천이는 몸을 부르르 떨었어요. 다른 아이들이 투덜거렸어요.

"공붓벌레 한인반을 어떻게 이기냐고. 그냥 난 포기할래."

"일등은 못 해도 꼴등은 피해야 하지 않을까? 소문에 꼴등을 하면 일 년 더 있으라고 할지도 모른대."

고려 소식통 아이 하나가 걱정스러운 목소리로 말했어요.

"유교 경전이면 몰라도 거란 문자로 오랫동안 공부한 다른 반 아이들을 따라잡기는 불가능하지."

"대표로 몇 명만 본다며. 누군가 꼴등을 면하게만 해 주면 내가 은인으로 모시지."

박사 어른이 아이들에게 수업이 끝나고도 남아서 더 공부하라고 했어요. 하지만 아이들은 책을 덮었어요.

"며칠 공부해 봤자 소용없어. 듣자 하니 동쪽 외곽에 새로 근사한 탑을 세웠대. 오랑캐들이 기술도 좋지. 가서 그거나 구경하자."

"불탑을 나무로 지었는데 얼마나 높은지 보통 100자가 넘는대."

"불탑을 돌이 아니라 나무로 만든다고? 우리 고려랑 다르구나. 가서 우리 좀 빨리 돌아가게 해 달라고 부처님께 빌어 보자."

아이들이 몰려 나갔어요. 물론 은천이에게는 같이 가자는 소리도 안 했지요. 어차피 상관없었어요. 친형 같은 여진이가 아침부터 은천이 곁에 딱 붙어 있기 때문이에요.

"어차피 남는 건 시간. 혼자서 공부나

거란 불탑

요나라의 거란족 역시 중국의 영향으로 불교를 믿었어요. 거란의 불탑은 나무로 만들었고 유난히 크고 웅장한 것이 특징이에요. 보통 40m(아파트 10층 높이)에서 70m까지 이르렀지요. 그에 반해 고려의 불탑은 돌로 만들었고 육각 혹은 팔각으로 만들었는데 보통 5층에서 8층 정도로 거란의 불탑에 비교해 상대적으로 낮았어요.

하자."

"아니 수박희나 하며 놀 줄 알았는데 도련님이 철들었네요. 계속 열심히 하세요. 개경에서 예부 판사인가 하는 노인네가 눈 부릅뜨고 기다리고 있대요."

여진이의 놀림에 은천이는 입을 삐죽대면서도 불안해했어요.

"나도 알아. 근데 오늘은 웬일인지 필적이가 코빼기도 비치지 않네?"

은천이는 필적이를 찾아 나섰어요. 아무리 찾아도 없더니 사미가 쓱 나타났어요.

"필적이는?"

"필적 도령을 기죽이지 못해 안달인 거란 귀족 아이가 있어. 소합탁이라고. 그 애가 오늘 집에서 해동청을 몰래 빼 와서 애들에게 사냥하는 걸 보여 준다고 하지 뭐야. 필적이의 코를 납작하게 해 준다며 끌고 갔다니께."

해동청은 꿩이나 기러기, 토끼 같은 짐승을 사냥할 때 쓰는 매의 한 종류예요. 요나라 귀족들은 해동청이란 매를 이용한 사냥에 사족을 못 쓴다는 얘기를 여러 번 들었지요. 은천이와 여진이는 사미를 따라 야산으로 달려갔어요. 넓은 언덕이 내려다보이는 곳에서 아이들이 웅성거리고 있었어요.

"움직여 보란 말이야. 왜 안 움직여?"

"저기 꿩이 저렇게 많은데 이 녀석은 꼼짝도 안 하네? 세상에서 사냥을 제일 잘한다는 해동청 맞아?"

"야, 저 여진족 놈은 해동청 좀 부려 보라니까 왜 가만있어? 우리말을 못 하는 거야?"

소합탁은 매를 훈련시키는 여진족 노예를 데리고 나왔는데 이 노예가 말귀를 알아듣지 못해 짜증을 내던 참이었어요. 여진족 노예는 여진이보다 두어 살 더 먹어 보였어요. 얼굴에 여기저기 상처가 많았지만 여진족답지 않게 갸름하고 순해 보였어요. 여진족 노예는 멀뚱멀뚱 바라보며 못 알아듣는 척했어요.

"내가 하고 만다. 야, 소필적! 잘 봐라. 네 놈은 상상하지도 못한 사냥 솜씨를 보여 주지."

합탁이가 팔이 긴 장갑을 끼더니 해동청을 팔에 얹으라고 신호를 보냈어요. 여진족 노예가 시키는 대로 해동청을 얹어 주었어요.

> **해동청**
> 우리나라 북쪽 지역에서 많이 나는 맷과 새예요. 한번 겨냥하면 절대 놓치지 않는 성질 때문에 훈련을 시켜 사냥하는 데 많이 썼어요. 해동청은 특히 여진족이 사냥하면서 능숙하게 다루었는데 거란족이 여진족을 지배할 당시 수많은 해동청을 진상하라고 요구하는 바람에 해동청을 잡다 죽은 사람이 많아 원한을 사기도 하였어요.

"저기 꿩 날아간다!"

한 아이의 신호에 합탁이가 팔을 들어 올리며 해동청을 날리려고 했어요. 하지만 해동청은 꼼짝도 안 하고 있다가 갑자기 퍼덕이더니 합탁이의 얼굴을 할퀴고 말았어요.

"아악!"

"괜찮아? 하마터면 눈알 빠질 뻔했어."

합탁이의 친구들이 놀라 달려와서 합탁이를 살폈어요. 지켜보던 여진족 노예가 슬쩍 몸을 돌리며 뭔가 중얼거렸어요. 여진 말이었어요. 은천이가 귀를 기울여보았지요. 매를 날리려면 팔을 어떻게 해야 한다는 것 같았어요. 여진이가 다가가 여진 말로 물었어요.

"팔을 어떻게 해야 하는데?"

여진족 노예가 놀라서 눈을 둥그렇게 떴어요. 여진이가 고려 옷을 입고 있어서 고려 사람인 줄 알았던 거예요. 여진족 노예가 갑자기 반가운 기색을 보였어요.

"매가 안정될 때까지 기다렸다가 사냥감이 보이면 그것이 가는 방향으로 팔을 힘껏 휘둘러 매를 띄워야 해."

합탁이가 끼어들었어요.

"뭐라는 거야? 왜 가만히 있냐고. 해동청을 다룰 줄 알기는 해? 꼭 계집애처럼 생긴 걸 보니 너도 무서워서 못 다루는 거 아니야?"

여진족 노예의 얼굴빛이 달라졌어요. 노예의 달라진 얼굴빛을 보고 은천이가 궁금해했어요. 여진이가 은천이에게 설명해 주었어요.

"여진족이 제일 싫어하고 모욕적으로 느끼는 말이 여자 같다는 말이에요. 이제 저 형은 절대로 저 애를 도와주지 않을 거예요."

여진이 말대로 여진족 노예가 입을 꾹 다물었어요. 여진이가 다가가 살살 구슬렀어요.

"형, 저에게 자세히 알려 주세요. 저에게 방법을 알려 주면 형네 주인을 곤란하게 해 줄게요."

여진이는 귀를 바짝 세우고 자세히 듣고는 은천이에게 모두 알려 주었어요. 은천이는 필적이를 한쪽으로 데려가 들은 것을 전해 주었지요. 다른 아이들이 쳐다보자 사미와 여진이가 둘을 가려 주었어요.

"매가 불안하지 않게 팔을 움직이지 않고 받쳐 주다가 목표물이 보이면 그것이 가는 방향을 향해 힘껏 팔을 휘둘러야 한대."

필적이가 눈을 빛내며 앞으로 나왔어요.

"내가 해 볼게. 용맹한 사나이라면 해동청은 다룰 줄 알아야지."

장갑을 끼고 팔을 휘두르며 연습을 했어요. 합탁이는 해동청을 내주지 않으려고 했어요.

"너 따위가 뭘 한다고."

"내가 성공할까 봐 무서운 거냐? 싫으면 말고. 내가 할 수 있다는데 네가 피한 거다?"

필적이가 건드리자 자존심이 상한 합탁이가 씩씩거리며 해동청을 내밀었어요. 드디어 필적이가 해동청을 팔에 올리고 사냥을 시작했어요. 아이들이 들판에 내려가 바닥에 숨어 있는 꿩을 몰았어요. 몇 마리의 꿩이 튀어 올랐어요. 은천이가 소리쳤어요.

"지금이야, 저쪽!"

필적이가 힘껏 매를 날렸어요. 매가 붕 하고 떠올랐어요. 아이들이 깜짝 놀라 탄성을 질렀어요. 해동청은 방울 소리를 내며 날아가더니 꿩을 냅다 잡아챘어요. 순식간에 벌어진 일을 보고 아이들이 입을 쩍 벌렸어요. 모두 존경하는 눈빛으로 필적이를 쳐다보았어요. 여진족 노예가 뛰어가 꿩으로부터 해동청을 떼어 놓은 뒤 꿩을 필적이에게 내밀었어요. 그리고 중얼거리듯 말했어요.

"한 번에 성공하다니 팔 힘이 엄청 좋네요. 운도 좋고."

은천이가 대충 알아듣고 필적이에게 통역해 주었어요. 필적이는 으쓱해서 야산을 내려왔어요. 등 뒤로 합탁이의 신경질 내는 소리가 들렸어요.

요나라와 발해, 탁타교의 유래

고구려와 백제, 신라, 삼국은 치열한 경쟁을 벌였어요. 그러다 백제와 고구려는 당나라와 연합한 신라군에 의해 660년과 668년에 멸망하고 말았어요. 나라를 잃은 고구려 귀족과 일부 백성들은 북쪽으로 올라가 새로운 나라를 세웠어요. 말갈족이라는 유목 민족을 백성으로 하고 고구려 유민이 다스리는 나라였지요. 그 나라의 이름이 바로 '발해'예요. 백성들 대다수가 다른 민족이지만 지배층이 고구려를 계승하는 세력이었기 때문에 스스로 고구려의 옛 영토를 회복한 나라이고 부여의 풍속을 간직한 나라로서 고구려의 후예국이라고 밝히고 있지요. 발해와 통일 신라가 유지되던 시대를 '남북국 시대'라고 불러요.

발해는 점차 발전하여 한때 해동성국이라고 불릴 만큼 당대의 강국으로 이름을 떨쳤어요. 당나라뿐 아니라 신라, 일본과 교류를 하기도 했지요. 250년가량 유지되었던 발해는 결국 거란족의 요나라에 의해 멸망하고 말았어요.

통일 신라가 망하고 세워진 고려는 고구려를 계승하겠다고 선포했어요. 그래서 발해를 한 민족으로 여겼지요. 고려를 세운 태조는 발해를 멸망시킨 요나라를 미워했어요. 요나라가 송과의 전쟁을 위해 배후의 고려와 친해 둘 필요가 있다고 판단하고 선물로 낙타 50마리를 보냈을 때 이것을 거부했어요. 사신들은 섬으로 유배를 보내고 낙타는 만부교라는 다리 아래에 묶어 두게 했지요. 결국 다리 밑의 낙타는 굶어 죽었어요. 낙타는 오랫동안 먹지 않아도 살 수 있는 동물이에요. 그러니 꽤 오랫동안 굶었다는 뜻이지요. 굶는 동안 발소리를 탁탁 냈다고 해서 만부교를 '탁타교'라고 부르기도 하고 낙타를 매어 두었다고 해서 '낙타교'라고 부르기도 해요.

고려의 태조 왕건은 후손들에게 열 가지 말을 당부했는데 이것을 '훈요 10조'라고 불러요. 훈요 10조의 열 가지 조항 중 두 가지에 거란이 얼마나 악하고 무식한지, 그래서 절대 그들의 문화나 제도를 배워서는 안 된다고 당부하고 있어요. 태조는 고구려의 옛 땅을 회복하기 위해 북쪽으로 뻗어 나가려고 했는데 요나라가 버티고 있으니 대립할 수밖에 없었지요. 요나라는 송나라와 외교를 끊고 자신과 화친을 맺자는 제안을 고려가 거절하자 세 번에 걸쳐 고려에 쳐들어왔어요. 1차 침략은 서희가 외교 담판으로 막았어요. 송과의 전쟁으로 급

박했던 요나라의 사정을 꿰뚫고 적당히 달래고 둘러대며 돌려보냈지요. 서희는 외교 협상으로 오히려 압록강 근처의 땅인 강동 6주를 고려의 땅으로 인정받았어요. 이것으로 끝은 아니고 이로부터 17년 후 2차와 3차 침입이 있었어요. 2차는 비록 패배했지만, 강조라는 장군이 끝까지 저항해서 결국 요나라 스스로 물러났고, 3차 침입은 고려의 강감찬 장군의 활약으로 거란의 10만 군사는 거의 살아서 돌아가지 못했어요. 고려는 서희의 외교력, 강감찬의 뛰어난 전술, 고려인들의 용맹함과 무술 덕분에 당시 최고의 군대를 자랑하는 거란의 침입을 모두 물리쳤어요. 그것도 세 번이나요.

두어연이 열리는 날

 어젯밤 황제가 드디어 물고기를 잡으러 호숫가에 갔다고 해요. 아이들이 공부방에 모여 공부는 제쳐 두고 여기저기 알아 온 소식을 주고받았어요.
 "황제와 신하들은 낮뿐 아니라 밤에도 불을 켜 놓고 물고기를 잡는다지. 얼음이 얇아지기 전에 실컷 낚시를 하려고 한대."
 "무슨 낚시를 그렇게 요란하게 하지?"
 "거란족은 옛날부터 사냥과 낚시로 살아온 부족이야. 옛 습성을 잊지 않기 위해 해마다 황제가 나서서 행사로 여는 것이지."
 황제와 귀족들이 하는 낚시나 사냥은 일종의 놀이였어요. 그런 점에서 요나라는 고려와 무척 다른 것 같으면서도 비슷했어요. 고려는 백성들이 전부 농사를 짓는다는 점에서는 다르지만 왕과 귀족이 놀이를 즐긴다는 점은 비슷했지요. 고려의 임금도 사냥을 즐겨서 은천이 아버지도 호위하러 여러 번 따라가곤 했거든요.

그뿐 아니에요. 집이나 도구, 옷 같은 것이 사치스러운 것도 비슷했어요. 요나라나 고려나 귀족의 집은 크고 무척 화려했어요. 그릇도 도자기를 사용했는데 고려의 청자는 은은한 옥색 빛깔이 돌아 고급스럽고 아름답기로 다른 나라에도 유명하지요. 고려의 귀족은 그릇뿐 아니라 촛대나 의자, 베개까지도 도자기로 만들어 썼어요. 그런데 자기에 관한 한 요나라도 못지않아요. 언젠가 사미가 감탄하며 말한 것이 있어요.

"이것 봐. 고려는 오묘한 옥색 빛을 띠는 자기를 만든다면 요나라는 세 가지 색으로 아름다운 문양을 새긴 자기를 만들어. 이걸 요삼채라고 한대."

요삼채는 고려의 청자만큼이나 화려했어요. 아마 두어연 때

요삼채
요나라의 자기로, 노란색, 초록색, 하얀색, 이 세 가지 색깔을 넣어 만들었다고 해서 '요삼채'라고 해요. 원래 당나라의 화려한 자기가 '당삼채'였는데 이것의 영향을 받아 만들어진 것이지요.

각종 음식이 차려지면 요삼채 위에 올릴 거예요.

황제가 낚시를 시작했다는 소식이 전해지자 학당이 분주해졌어요. 아침부터 학동들이 모여 경연 대회를 준비했지요. 각 반의 아이들이 커다란 방에 모두 모였어요. 한인 아이들은 1등은 자기들 몫이라는 듯 뻐기는 모습이었어요. 거란 아이들은 등수에 도통 관심을 보이지 않았고 발해 아이들은 한민족의 후예답게 눈을 빛내고 있었어요.

"탕구트반 애들은 마음을 읽을 수가 없어. 의욕이 있는 건지 없는 건지."

고려 아이 하나가 은천이에게 속삭였어요. 은천이는 떨려서 아무 생각도 나지 않았어요.

'꼴등은 절대 안 되는데…….'

시험관이 앞에 섰어요.

"잘 들어라. 경연은 두 가지다. 첫 번째는 유교 경전 외우기, 두 번째는 거란 말과 거란 문자를 말하고 읽기. 각 열다섯 문제씩 내겠다."

갑자기 거란 반에서 한 아이가 일어났어요. 필적이었어요.

"질문이 있습니다. 실력을 겨루는 시합이면 모두에게 공정해야 하는 것 아닙니까? 유교 경전과 거란 말을 본다면 한인반과 거란반에게 유리한데 나머지는 어떻게 해야 합니까?"

"유교 경전은 한자를 사용한다면 다 익히는 것이다."

"하지만 한인들의 말로 되어 있고, 그들의 역사와 생각이 담겨 있으니까 한인들에게 절대적으로 유리하지요."

시험관의 얼굴이 붉어졌어요. 모든 반 아이들이 고개를 끄덕이며 두런거렸어요. 특히 한인반을 제외하고는 모두 필적이 말이 옳다고 여기는 것 같았어요. 시험관이 다른 박사들과 회의를 했어요. 다른 사람도 아니고 거란 귀족 아이가 한 말이라 단칼에 물리치지 않는 것 같았어요. 한참을 쑥덕거리더니 시험관이 다시 돌아왔어요.

"한자로 된 유교 경전과 거란 말만 시험을 보는 것은 공정하지 못하다는 결론을 내렸다. 두 번째 시험에 거란 말 대신 탕구트 글자, 고려의 이두 글자를 거란 글자와 함께 시험 보겠다."

거란 사람들은 공정하지 못한 것을 싫어한다는 말이 맞았어요. 요나라로 이름을 바꾸기 전에는 황제도 부족장들이 몇 년씩 돌아가며 맡았다고 하니 공평한 것을 퍽 좋아하는 것이지요. 은천이는 다행이란 생

유교 경전

'유교'는 기원전 700년경 중국의 공자가 만든 사상을 말해요. 자신을 어떻게 갈고닦으며 나라를 어떻게 다스리는 것이 가장 이상적인지를 밝히는 사상이지요. 이 사상을 적은 책을 '유교 경전'이라고 하지요. 유교 경전으로 보통 논어, 맹자, 대학, 중용과 같은 책을 읽고 외우도록 했어요.

각이 들었어요. 유교 경전은 한인보다 못하지만 다른 민족 아이들보다는 잘하고 거란 문자는 거란인보다는 못하지만 다른 민족 아이들보다 자신 있었으니까요.

'한인이나 발해반 애들 모두 거란 말은 잘해도 거란 문자는 따로 공부하지 않는다고 했어. 그럼 내가 유리해. 포기하지 않고 거란 글자를 공부해 두길 잘했어.'

시험은 반별로 세 명씩 뽑아서 겨루었어요. 세 명씩이라도 총 열다섯 명이 긴 유교 경전을 외우려면 시간이 한참 걸렸어요. 유교 경전을 외우는 시험에서는 확실히 한인 아이들이 앞서 나갔어요. 발해반 아이들도 못지않았지요. 고려반은 다행히 고려에서도 신동이라고 불리는 아이가 있어서 은천이와 나머지 한 아이가 잘하지 못해도 크게 점수를 잃지는 않았어요.

문제는 두 번째 시험. 다들 다른 민족의 글자를 읽고 해석하느라 진땀을 흘렸어요. 자신만만하던 한인반 아이들도 기가 죽어 숨소리도 내지 못했지요. 고려반 아이들은 은천이만 바라보았어요. 두 아이는 이두 글자 말고는 아는 것이 거의 없

이두 글자

이두 글자는 한글이 만들어지기 전 우리말을 한자로 쓸 때 한자에 없는 '-은, -는, -이, -가 혹은 -을, -를, -이다'와 같은 말을 글자로 표기하기 위해 소리만 같은 한자를 빌려다 쓴 글자를 말해요. 삼국 시대 이래 우리 민족은 이두 글자를 이용해 글을 쓰기도 했어요.

어 붓을 들고 멍하니 있었어요. 은천이는 이두 글자 외에도 거란 문자를 제법 읽어 낼 수 있었어요. 탕구트 문자도 몇 문제는 답을 적었어요. 거란 글자와 비슷한 게 신기해서 조금 배워 두었거든요.

> **탕구트 문자**
> 탕구트족은 자신을 '대백고국(크고 높은 나라)'이라고 부르다가 1038년 옛날 하나라를 잇는다는 뜻으로 '대하'로 이름을 바꾸었어요. 서쪽에 있어서 보통 서하라고 부르지요. 서하는 자신만의 고유 문자인 서하 문자가 있었어요.

각 나라 문자 시험까지 마치자 해가 저물고 있었어요. 시험을 마친 아이들이 일어나 제자리로 돌아왔어요. 나머지 아이들은 응원하느라 잔뜩 힘이 들어가 있었어요. 응원하던 한 아이가 진심을 담아 박수를 쳐 주었어요.

"고생했다."

잠시 쉬었다가 다시 모였어요. 드디어 결과를 발표할 차례가 되었어요. 은천이는 너무 긴장해서 침만 꼴깍꼴깍 삼키며 기다렸어요. 아버지의 지위, 예부 판사의 날카로운 눈길, 고려반 아이들의 얼굴이 은천이 머릿속에서 동동 떠다녔어요.

시험관이 두루마리를 들고 앞에 섰어요.

"자, 시험 결과다. 여기 걸어 둘 테니 보도록."

아이들의 눈길이 모두 모였어요. 펼쳐진 종이에는 1등부터 차례로

반 이름이 적혀 있고 그 옆에 각자의 점수도 적혀 있었어요.

"예상대로 한인반이 1등이다."

"와아!"

한인반 아이들이 환호를 터뜨렸어요. 고려반 아이가 앞으로 나가 보고 오더니 역시나 환호를 터뜨렸어요.

"와아! 우리가 2등이야! 1년 더 남지 않아도 돼."

"은천이 덕이야. 2차 시험에서 제일 잘했어. 고맙다!"

고려반 아이들이 은천이를 둘러싸고 어깨를 툭 쳤어요. 은천이는 믿기지 않았어요. 앞으로 나가 점수를 확인해 보았지요. 꼴등은 거란반 아이들이었어요. 그래도 그 아이들은 1등이나 한 것처럼 웃으며 방을 나갔어요.

모두 잔칫상이 차려진 방으로 모였어요.

"두어연의 주인공은 한인반이다. 한인반 아이들은 잔칫상 한가운데 앉아라. 나머지는 등수 대로 그 옆으로 앉고."

잔칫상은 화려했어요. 길고 높은 상 위에 여러 가지 음식이 차려져 있었지요. 커다란 물고기에 각종 양념을 얹은 요리가 가운데 상의 한가운데에 놓여 있었어요. 그 옆으로 평소에 보기 힘든 음식들이 놓여 있었고요. 고기 요리가 주로 많았지만 맛은 좋았어요. 고려 아이들도 오래간만에 포식하게 돼서 들떴어요.

"이건 멧돼지 고기래. 집에서도 먹어 본 적 있는데 그때랑 맛이 아주 달라."

"우리는 고기를 안 먹어 봐서 돼지를 제대로 잡는 사람이 없대. 막 두들겨서 잡으니까 냄새가 난다고 해. 우리 아버지가 그러는데 고기는 여진족이나 거란족이 잡아 주는 게 최고라고 하더라."

요나라에 온 지 일 년쯤 지나니까 아이들도 한결 여유로워졌어요.

처음에는 춥고 낯설어서 어떻게 살까 했는데 이제는 고려에서 볼 수 없는 것들을 구경하기도 하고 먹지 못하는 것을 먹으면서 즐길 수 있게 되었어요. 은천이는 과일 꼬치와 여러 가지 떡을 보자 사미와 여진이가 생각났어요. 필적이도 은천이 마음을 알았는지 쳐다보며 싱긋 웃

고려 사람들은 고기를 안 먹었을까?

고려는 불교를 숭상하는 나라예요. 불교에서는 살아 있는 생명을 죽이는 것을 금지했지요. 그래서 고려 사람들은 짐승을 죽여 고기 먹는 것을 꺼렸어요. 고기를 즐겨 먹지 않았기 때문에 짐승을 도축하는 기술을 가진 사람이 많지 않았지요. 송나라 사신 서긍이 고려를 방문한 후 기록한 <고려도경>에서는 고려 사람들이 고기를 제대로 잡지 못해 고기에서 냄새가 난다고 되어 있어요. 고려 사람들은 실제로 고기 대신 밥에 채소 반찬과 젓갈 등을 주로 먹었고 별식으로 국수와 떡 등을 먹었어요. 나중에 몽골 침입 후 육식 문화가 들어와 서서히 고기를 즐기게 되었지요.

었어요. 은천이와 필적이는 여러 가지 음식을 주머니에 담아 잔칫방을 빠져나왔어요.

둘은 학당을 돌아다녔어요. 필적이가 두 손을 모아 외쳤어요.

"사미야, 여진아! 아니 얘들은 여기서 기다리기로 해 놓고 어디 갔어? 이따 우리도 얼음낚시 가자더니. 사미야, 여진아!"

둘이 한참을 찾아 헤매는데 사미가 뛰어 들어왔어요. 그 뒤를 여진이가 따랐지요. 필적이가 둘을 반갑게 맞았어요.

"어디 갔다 왔어?"

"큰일 났어. 소합탁이, 소합탁이……."

"소합탁이 그 녀석이 왜?"

소합탁은 지난 번 매사냥에서 필적이에게 코가 납작해진 뒤, 필적이를 더 원수처럼 여겼어요. 그런 필적을 도운 은천이를 눈엣가시처럼 여겼고요. 필적이는 소합탁이란 말에 몸을 부르르 떨었어요. 사미가 필적이 눈치를 보면서 말을 이었어요.

"소합탁이 은천이 방에서 나오기에 이상해서 따라가 봤거든. 손에 책을 들고 있는데 이거면 녀석을 끝장낼 수 있겠다고 하면서 어쩌고저쩌고 중얼거리더라고."

"내 방에?"

은천이가 방을 향해 달렸어요. 방 안으로 들어서자마자 책들을 모두

들춰 보았어요. 뭔가를 한참 찾더니 한숨을 내쉬었어요.

"파란 책이 사라졌어. 내가 좋아하는 책인데."

"파란 책이 뭔데?"

"송나라를 세운 송 태조와 그 조상들에 관한 이야기를 책으로 엮은 거야. 근데 그걸 왜 가져갔지?"

필적이 얼굴이 하얘졌어요.

"송 태조와 조상들 이야기라고? 큰일 났다. 그건 우리 나라에서 금지한 책이야. 알다시피 송은 우리 힘에 굴복해 귀한 물건을 바치면서도 뒤로는 우월감을 느끼는 나라잖아. 우리를 오랑캐라고 부르니 말 다했지 뭐. 그 나라를 세운 이야기를 꾸민 책이라 우리 황제가 그 책만 보면 치를 떨어. 귀족들도 마찬가지고."

"금지한 책이라고? 근데 왜 그걸 나한테 선물했지? 저번에 거란반 애가 선물이라며 주더라고. 그래서 난 내 이름을 커다랗게 써 놓기도 했는데……."

"소합탁이 네가 좋아할 거라고 생각하고 다른 녀석을 시킨 게 틀림없어. 함정이야."

은천이는 다리가 후들거리기 시작했어요. 학당 생활을 무사히 마치는 것이 최고의 목표였는데 잘못하면 쫓겨나거나 목숨을 잃을지도 모르게 되었어요. 거란 말을 모르는 여진이는 무슨 일인 줄 모르고 은천

이와 필적이 얼굴만 번갈아 보느라 정신없었어요.

"나한테 왜……."

"너는 두 번째고 나를 노린 게 틀림없어. 나를 어쩌지 못해 그렇게 안달이더니."

거란에는 황제의 집안 야율 씨와 황후의 집안 소 씨가 있어요. 이 두 집안이 최고 귀족이지요. 소합탁이나 소필적이나 모두 왕비 집안이에요. 하지만 둘의 아버지가 조정에서 사사건건 부딪쳐서 거의 원수처럼 지내다 보니 둘도 아옹다옹 다투곤 했지요. 사미가 치맛자락을 걷으며 소리쳤어요.

"소합탁이 고발하면 어떻게 되는데?"

"그 책을 가지고 있는 사람은 송나라 첩자로 의심해서 고문당하고 감옥에 갇히거나 죽을 거야."

"그럼 가서 훔쳐 와야지. 고발하기 전에 훔쳐 오자고."

당장이라도 처들어갈 것 같은 사미의 표정에 필적이가 붙잡았어요. 남의 집에 몰래 들어간다는 소리에 은천이는 움츠러들었어요.

"들어갈 수 있을까? 그랬다가 들키면 더 큰일 날 것 같은데."

"나도 못 들어가. 사이가 나빠지기 전에는 그 집에 자주 드나들어서 그 집 강아지도 내 얼굴을 알걸? 그래도 가만있을 수는 없잖아."

필적이가 난처해하며 말했어요. 사미가 고개를 갸웃거렸어요.

"몰래 들어가면 그렇게 큰일이야? 잡히면 그냥 쫓겨나기밖에 더하겠어?"

"그 집은 황후의 친정집이야. 소합탁의 큰누나가 황후잖아. 황후가 자주 드나들기 때문에 보안이 철저하다고. 몰래 들어갔다가 잡히면 왜 들어왔는지 취조당하다가 고문으로 죽고 말걸?"

셋은 할 말을 잃고 땅만 쳐다보았어요. 여진이만 무슨 일인지 몰라 가슴을 쾅쾅 쳐 댔어요.

목표를 향해 가는 세 친구

다음 날 아침, 동이 트기도 전에 필적이와 여진이가 은천이를 찾아왔어요. 여진이는 밤사이 무슨 상황인지 듣고는 얼굴에 걱정이 가득했어요. 은천이가 눈을 비비며 정신을 차리려는데 여진이가 막무가내로 팔을 잡아끌었어요.

"얼른 가야 해요. 빨리!"

"이 새벽에 어딜 가자는 거야?"

필적이는 입술에 손가락을 대며 속삭였어요.

"소합탁이 집에. 사미가 사라졌어. 말렸는데도 결국 거기에 갔나 봐. 어젯밤에 아무래도 표정이 이상하기에 찜찜해서 새벽부터 사미 방에 가 봤거든. 같은 방 쓰는 애한테 자기는 마지막일지 모른다고 이것저것 다 주고 갔대."

"거기에 갔다고? 하여튼 앞뒤 안 가리는 성격은 알아줘야 한다니까. 잡히면 죽을지도 모르는데……."

"그러니까 빨리 구하러 가자고요. 들키기 전에 찾아서 빠져나와야지요."

"맞아. 잡히더라도 우리가 같이 잡혀야 죽는 것은 면할 거 아니야."

은천이는 한숨만 나왔어요. 사미는 목숨을 걸고 자신을 도우려고 하는 거라 미안한 마음이 더 컸어요.

"가자. 가서 데려오자."

"알겠어. 여진이 너는 여기 있어. 사람이 너무 많으면 금방 눈에 띌 거야. 게다가 넌 거란 말도 모르잖아."

여진이가 말도 안 된다는 듯 손사래를 쳤어요.

"내가 가야죠. 사미가 위험한데……."

"너 때문에 더 위험해진다고. 혹시라도 걸리면 우리는 어찌 살아나도 너는 큰일 나."

둘은 여진이를 겨우 진정시키고 소합탁의 집을 향해 달렸어요. 학당이 귀족들 집이 있는 마을과 가까웠기 때문에 금방 도착할 수 있었어요. 필적이가 은천이를 이끌었어요.

"이쪽으로 와. 여기가 쪽문이야. 일꾼들이 드나드는 문이라 감시가 소홀할 거야."

쪽문은 과연 문지기가 바빠 쉽게 통과할 수 있었어요. 문지기란 사람은 멀리서 짐을 싣느라 정신없었어요. 덕분에 은천이와 필적이는 짐을 지고 들어가는 사람들 뒤를 따라 집 안으로 들어갔어요. 집이 워낙 넓어서 잘못하면 길을 잃을 것 같았어요.

'고려 정승동에 있는 집들이 화려하다고 하는데 이 집들은 그보다 훨씬 크고 화려한 것 같아.'

요나라 귀족의 집은 크기 면에서 고려 귀족의 몇 배인 것 같았어요. 집 안에 수십 채 건물뿐 아니라 들판처럼 보이는 정원이 많았어요.

"우리 고려도 귀족의 집은 화려한데 일반 백성들 집은 좁고 허름해. 너희는 그 차이가 더 심한 것 같아."

필적이는 속으로 뜨끔했는지 대답하지 않았어요. 그 대신 딴말을 했어요.

고려 시대의 집

고려 시대에는 아직 온돌을 널리 쓰지 않았어요. 그래서 차가운 기운을 피하고 축축해지는 것을 막기 위해 땅 위에 단을 쌓아 높이 지었어요. 그래서 귀족들의 집은 높은 기단 위에 지은 기와집들이었어요. 이에 비해 일반 백성들은 단순한 초가에서 살았어요. 개경을 두고 보면, 집은 주인의 직업이나 재산에 따라 위치했어요. 높은 관리들은 궁궐에 드나들기 좋은 궁궐 남동쪽의 마을에 모여 살았는데, 이 마을 이름이 '정승동'이었어요. 상인들은 시장 근처, 농민들은 농지 근처에 살았는데, 평지, 산등성이 가릴 것 없이 열두어 집씩 붙어 마을을 이루며 살았어요.

"저쪽으로 가 보자. 여기는 마구간 뒤쪽 같아. 내가 아주 어릴 때 여길 와 본 적이 있는데 기억이 가물가물해."

필적이가 가리킨 곳은 큰 건물들 너머였어요. 집이 넓어 마구간도 크고 그 앞의 말 운동을 시키는 곳은 야트막한 야산을 끼고 있는 드넓은 들판에 자리 잡고 있었어요. 마구간 쪽을 향해 걸었어요. 행여 눈에 띌까 봐 몸을 굽히고 벽을 따라 조심스럽게 걸었지요. 하인들이 많다고는 해도 집이 넓어 오가는 사람이 별로 없었어요. 필적이가 속삭였어요.

"오늘 이상하게 지키는 사람들이 별로 없네. 온 김에 네 책을 찾아가자. 분명히 공부방 책들 사이에 숨겨 놓았을 거야. 그 녀석이 지내는 건물은 저쪽이야."

"우리가 가서 본다고 금방 찾을 수 있을까?"

"셋이 찾으면 가능할 거야. 합탁이는 어차피 책을 안 좋아하니까 책도 몇 권 없을 거라고. 방에만 들어갈 수 있으면 찾는 건 금방이야."

그제야 은천이는 고개를 끄덕이고 필적이가 가자는 대로 따라갔어요. 담장이 끝나고 마구간 건물이 보이는 곳을 지날 때였어요. 갑자기 손 하나가 담장 옆 나무에서 쓱 나오더니 은천이를 잡아챘어요. 은천이는 소리를 지를 뻔한 것을 참았어요. 사미였어요. 필적이가 뒤돌아보다 따라 들어왔어요.

"아휴, 무슨 힘이 그렇게 세냐? 고려 여인들은 드세다고 하더니 정말 대단해."

필적이가 중얼거렸어요. 고려나 발해 여인들은 강하기로 소문났어요. 거란 여자들은 거란 남자들이 잔인하고 거친 것에 비해 온순한 편이었지요. 은천이도 놀리며 말했어요.

"얘는 어릴 때부터 도자기 만드는 흙을 져 날라서 유난히 힘이 장사라니까."

둘의 농담에도 사미는 여전히 얼어 있었어요. 은천이가 미안해서 물었어요.

"무슨 일 있어?"

"여기까지는 별일 없었는데 주인 가족이 사는 건물로는 못 갈 것 같아. 여길 넘어가면 병사들이 너무 많아."

필적이가 고개를 갸웃대더니 속삭였어요.

"여기 있어 봐. 내가 잠깐 가서 알아보고 올게."

초조하게 기다리는데 잠시 후 필적이가 돌아왔어요.

"지나가는 사람들 말을 들어 보니까 어제 황후가 와서 궁궐의 병사들까지 쫙 깔렸대. 어떻게 가지?"

사미가 팔을 걷어붙이며 속삭였어요.

"소합탁 공부방이 어디인지 알려 줘. 내가 집안일 하는 노비인 것처럼 해서 들어가 볼게. 내가 잡히더라도 둘은 절대 나서지 마."

은천이는 말도 안 된다고 손사래를 쳤어요.

"어휴, 위험해. 게다가 네가 무슨 책인지나 알겠어?"

"맨 앞에 파란 비단을 덧댄 거잖아. 저번에 열심히 읽는 거 봤다고."

필적이도 안 되겠는지 말렸어요.

"네가 여기 있어. 우리는 병사들이 없는 쪽을 찾아서 뒷문으로 들어가 볼게. 들켜도 너보단 우리가 나을 거야. 잡히면 놀러 왔다고 둘러대지 뭐."

필적이는 사미의 대답을 듣지도 않고 은천이를 잡아끌었어요. 둘은 얼른 빠져나가 다시 마구간 뒤쪽으로 되돌아갔어요.

"저기 말 운동장만 넘어가면 주인 가족이 사는 건물의 뒷문이 나와. 울타리를 따라 거기로 가자."

은천이는 심장이 벌렁벌렁해졌어요. 한 번도 위험한 짓은 안 해 봐서 자신이 없었지요.

"근데 합탁이가 방에 있으면 어떡해?"

"그 녀석이 아침부터 공부방에 있을 리가 없어. 걱정 붙들어 매."

둘은 울타리에 몸을 숨겨 가며 앞으로 나갔어요. 중간쯤 갔을 때예요. 갑자기 마구간 문이 열리더니 커다란 말이 뛰어나왔어요.

"한혈마……."

필적이가 소리치려다 입을 틀어막았어요. 은천이가 속삭였어요.

"한혈마가 뭐야?"

"달릴 때 붉은 피땀을 흘린다는 천하의 명마. 서역에서 왔다고 해. 한번에 천 리를 달릴 정도로 뛰어난 말이야. 이번에 소합탁 아버지가 한혈마 중에서도 엄청 뛰어난 말을 손에 넣었

서역

서역은 서쪽 지역이라는 뜻으로 오늘날의 이란과 이라크, 아프가니스탄 등을 가리켜요. 기원전부터 중국의 물건을 가져다 로마에 팔고 로마의 물건을 중국에 팔면서 중개 무역으로 부자가 된 나라들이에요. 우리나라에서 발견되는 유리나 구슬 유물 등이 바로 서역의 중개 무역 상인이 로마에서 가져온 것들이에요. 서역의 무역상은 중국을 거쳐 한반도까지 활동하였기 때문이지요.

다고 하더니……."

둘이 속삭이는데 말 운동장에서 괴성이 들렸어요.

"사, 살려 줘!"

말이 미친 듯이 달리는데 말 등 위에서 간신히 끈을 붙잡고 있는 아이가 있었어요. 예닐곱 살쯤 되어 보이는 남자아이였는데 말에서 안 떨어지려고 안간힘을 쓰느라 혼이 다 빠져나간 것처럼 보였어요. 필적이가 놀라 입을 쩍 벌렸어요.

"큰일이다. 웬 아이가 저 험한 말을 탔어. 저 녀석은 길들이기 전에는 살인 무기나 다름없어. 올라타면 다 털어 낸다고. 떨어지면 뒷발로 강 건너까지 차 버릴걸?"

"어떡해? 저 어린애가 왜 말에 올라탔지?"

"지금 그거 따질 때가 아니야. 근데 우리가 다가가면 저 말의 뒷발질에 우리도 죽을 거야."

은천이는 죽는다는 소리를 자주 들어서 머리가 어지러웠어요. 그래도 아이의 목숨이 오가는 거라 가만있을 수 없었지요.

"저기, 저기 짚더미가 있어. 필적이 네가 말고삐를 어떡해서든 잡아 봐. 네가 줄을 잡아끌면 내가 앞에서 알짱거리며 짚더미로 유인해 볼게. 아이가 짚더미 위로 떨어지게 하자고."

필적이가 망설이다 울타리에 얹어져 있던 밧줄을 들고 앞으로 달려

한혈마

고대부터 내려오는 명마로 유명한 말이에요. 이란, 이라크 지역에서 난다고 하는데 하룻밤에 천 리를 달리고 땀에는 붉은 피가 섞여 흘러서 한혈마(汗血馬)라고 불러요. 이 말이 얼마나 대단한지 한나라의 황제 무제는 두 번씩이나 사람을 보내 이 말을 구했다고 해요.

나갔어요.

"말고삐는 못 잡고 이 밧줄을 목에 걸어서 당겨 볼게."

필적이는 태어나자마자 말을 탄 민족답게 말을 무서워하지 않았어요. 은천이가 문제였어요. 말을 탈 줄은 알지만 거란족처럼 능수능란하지는 못했어요. 은천이는 적당한 거리를 두고 앞에서 알짱거렸어요. 필적이가 아이에게 소리쳤어요.

"저 앞 짚더미 위로 떨어져. 저기 말이야!"

밧줄을 돌려 던지자 간신히 말 목에 걸렸어요. 필적이는 죽을힘을 다해 줄을 잡아당겼어요. 은천이가 말 앞에서 알짱거리자 줄에 끌려가지 않으려고 버티던 말이 움직였어요. 몇 발자국 달려 짚더미 옆으로 왔어요. 은천이가 소리쳤어요.

"지금이야, 뛰어내려!"

거리가 충분하지 않아 맨 위의 짚더미를 굴려 떨어뜨렸어요. 말 위의 아이가 몸을 날려 짚더미 위로 무사히 떨어졌지요. 말은 뒷발을 힘껏 들고 커다란 울음소리를 내더니 말 운동장 반대 방향으로 달려갔어요. 필적이와 은천이가 아이를 일으켜 세웠어요.

"괜찮아? 놀랐지?"

은천이가 아이를 토닥이는데 필적이 눈이 커졌어요.

"아니, 너는?"

아이가 큰 소리로 울음을 터뜨렸어요. 너무 놀라서 울면 안 된다는 거란 사나이 규칙을 잊은 것 같았어요. 그때, 병사들이 우르르 몰려왔어요. 병사 하나가 아이를 안아 올렸어요. 나머지는 다짜고짜 은천이와 필적이를 붙잡았지요.

"웬 놈이냐! 왜 이 안에서 얼쩡거려? 황자님에게 무슨 짓을 한 거야?"

은천이와 필적이는 병사들에게 끌려가면서 서로를 바라보았어요. 필적이가 소리쳤어요.

"저 애가 황자야. 오래전에 봐서 못 알아봤어! 우리가 위협했다고 생각하나 봐. 걱정하지 마, 내가 설명할게!"

구해 준 아이는 바로 황후가 데려온 황제의 아들이었어요. 둘은 병사들에게 질질 끌려 주인들의 거처 한가운데로 갔어요. 모두 밖으로 나와 있고 커다란 마루 위의 화려한 의자 위에는 젊은 여자가 앉아 있었어요. 머리 모양이 화려한 것으로 보아 황후가 틀림없었어요. 아이가 황후에게 달려가 안겼어요. 한참을 울고는 유모로 보이는 사람을 따라 안으로 들어갔어요. 그 사이 필적이와 은천이는 마루 아래에서 무릎을 꿇었어요. 병사들이 거칠게 잡아당기고 바닥에 마구 내팽개치는 바람에 온몸이 아팠어요. 은천이는 눈물이 찔끔 날 것 같았지만 필적이 얼굴을 보고 겨우 참았어요. 자기 책 때문에 이런 일을 당하게 해서 미안한 마음이 컸어요.

황후에게 누군가 다가가 속삭였어요. 소합탁이었어요. 황후가 입을 열었어요.

"소필적! 네가 이 집엔 웬일이냐? 아침부터 여기를 놀러 오고 그럴 사이는 아닌 거로 아는데?"

"그게, 그게 저……."

합탁이가 찢어질 듯 눈을 치켜뜨며 나섰어요,

"전 알아요. 왜 왔는지. 뭘 가지러 왔어요."

"뭘? 그럼 도둑질하러 왔단 말이냐?"

소합탁의 아버지가 놀라 물었어요. 소합탁이 씩 웃으며 답했어요.

"저기 저 고려에서 온 녀석이 금지된 책을 가지고 있었거든요. 그걸 고발하려고 제가 가져왔어요."

"금지된 책이라고?"

"고려 놈들이 억지로 요나라와 친한 척해도 사실은 송나라 편이라는 건 다 아는 사실이잖아요. 분명히 소필적이 줬을 거예요."

소합탁의 속마음이 나왔어요. 소필적을 보며 싱긋 웃었거든요. 필적이는 화가 나 소리쳤어요.

"나쁜 자식! 내가 싫으면 나만 걸고넘어져! 은천이는 놔두고."

"시끄럽다. 요나라 귀족이 적국을 돕다니! 네 아버지와 똑같구나."

황후가 따끔하게 소리쳤어요. 은천이가 항의를 하려고 고개를 들었어요. 그때 필적이가 잡아 누르며 속삭였어요.

"말하지 마. 네 것이 아니라고 잡아떼야 해."

빠져나갈 구멍이 없자 나온 생각이었어요. 은천이가 고개를 가로저었어요. 책 표지에 자신의 이름이 떡하니 쓰여 있는데 잡아뗀다고 될 일이 아니기 때문이에요. 하지만 은천이의 팔을 찍어 누르고는 필적이가 소리쳤어요.

"그런 일 없어요. 저희는 뭘 가지러 온 게 아니라 이 집에 한혈마가 있다고 해서 구경 온 겁니다."

"거짓말 마. 네가 말을 아무리 좋아해도 내 집에 올 리가 없잖아."

합탁이가 맞받아 외쳤어요. 황후가 손을 들어 둘을 막고 명령을 내렸어요.

"가서 책을 가지고 오너라."

소합탁이 쪼르르 달려갔어요. 은천이는 고개를 숙이고 가만히 있었어요. 이제 죽거나 쫓겨나거나 둘 중 하나였어요. 살아 돌아간다고 해도 공부를 무사히 못 마치고 쫓겨나게 됐으니 안 돌아가는 것만 못 했어요. 눈물이 나오려는 것을 겨우 참고 기다렸어요. 한참을 기다려도 소합탁이 나타나지 않았어요.

"왜 이리 안 오는 거야?"

황후가 짜증을 냈어요. 소합탁이 붉으락푸르락해진 얼굴로 다가왔어요. 고개를 푹 숙이고 중얼거렸어요. 그러자 소합탁의 아버지가 소리쳤어요.

"없어질 리가 없지 않으냐? 네가 잘못 본 것은 아니고?"

소합탁이 고개를 저었어요. 은천이와 필적이가 놀라 쳐다보았어요. 황후가 기막히다는 듯 자리에서 일어났어요.

"가서 다시 잘 찾아보도록 해. 황자 점심 드실 시간이다. 저 아이들을 잘 묶어 두어라. 두 시진 후에 보자."

황후가 안으로 들어가고 소합탁과 그 아버지가 다시 책을 찾으러 갔

고려와 발해 여인은 어떤 대접을 받았을까?

고려의 여자는 남자와 비교적 대등했어요. 귀족의 경우, 부인도 재산을 가질 수 있었고 딸도 아들과 똑같이 재산을 물려받고 제사도 돌아가며 지냈어요. 또 이혼도 가능했고, 이혼 후나 남편이 죽은 후 경우에 따라 재혼도 가능했어요. 과부가 왕과 재혼해서 왕비가 된 예도 있을 정도니까요.

'남자는 하늘이고 여자는 땅이다'라는 남존여비 사상은 유교가 완전히 자리 잡은 조선 시대에 생겨났어요. 조선 전기까지도 딸에게 똑같이 재산을 나누어 주었고, 남자는 결혼하면 부인의 집에서 아이를 낳아 어느 정도 자랄 때까지 살다가 자신의 집으로 돌아왔어요.

발해의 여성은 더 발언권이 강력해서 중국 송나라의 기록에 따르면 발해의 남자들이 결혼하고도 다른 여자를 좋아하면 부인의 친인척 여자들이 한꺼번에 몰려와 혼을 내주었다고 해요. 송나라나 거란 등 다른 나라는 모두 남자 한 명에 여러 명의 부인을 두었으나 발해만은 그런 일이 없었다고 하니 발해의 여성들이 대단했다고 하지요.

어요. 기다리기가 지루했는지 구경꾼들도 모두 돌아갔어요. 병사 둘만 은천이와 필적이에게 창을 겨누고 꼼짝하지 못하게 했어요. 필적이가 씩씩거렸어요.

"치, 증거도 없는데 이렇게 대하는 법이 어디 있어."

은천이는 막막해서 눈물이 날 것 같았어요.

'사미는 어떻게 된 걸까? 걔라도 무사히 빠져나가야 할 텐데…….'

이런 생각을 하는데 거짓말처럼 사미가 옆을 지나갔어요. 사미가 입고 있던 옷이 합탁이네 하녀들 옷과 비슷해서 이 집 하녀처럼 보였어요. 사미가 헛기침을 하며 팔을 드는데 소매 사이로 뭔가가 보였어요.

"파란 비단이다. 네 책이야. 사미가 성공했구나."

필적이가 먼저 알아채고 속삭였어요. 모두의 시선이 은천이와 필적이에게 몰린 사이 사미가 소합탁의 공부방에 들어가 책을 찾아온 것이었어요. 은천이와 필적이는 가슴을 쓸어내렸어요.

사미가 둘에게 눈을 찡긋하는데 뒤에서 어떤 남자가 사미의 어깨를 툭툭 쳤어요. 사미가 뒤를 돌아보았어요. 순간, 사미가 기절하는 줄 알았어요. 뭘 보고 놀랐는지 눈이 왕방울만 해졌거든요.

"아부지!"

둘이 끌어안았어요. 필적이가 놀라 물었어요.

"누구지? 소합탁이네 집에 아는 사람이 있었나?"

"사미 아버지인가 봐. 여기로 끌려왔을 거라더니 소합탁이네 집에 있을 줄은……."

"와, 신기하다. 그렇게 찾아도 없었는데 여기 있었다니."

채찍이 날아와도 눈 하나 깜짝 안 하던 사미가 아버지를 만나 펑펑 울었어요. 지나가던 사람들이 무슨 일인가 싶어 사미 부녀를 힐끗거렸어요. 필적이가 사람들 눈길을 돌리려고 소란을 피웠어요.

"소합탁! 나와라. 거짓말을 해 놓고 숨었냐? 당장 나와. 우리가 무슨 죄를 지었다고 이래?"

사람들이 필적이를 쳐다보며 수군거렸어요. 소란 속에서 사미와 사미 아버지는 손을 꼭 붙잡고 서 있었어요.

필적이 소리를 들었는지 소합탁이 다시 돌아오고 황후도 밖으로 나왔어요. 소합탁이 황후를 보고 말없이 고개만 옆으로 저었어요. 황후가 심호흡을 하고는 모두에게 일렀어요.

"책이 있건 없건 간에 이 집에 몰래 들어와 황자를 위험에 빠뜨린 것은 죽을죄다. 저 두 녀석을 가두어라. 고려 아이는 책을 찾게 되면 그것을 보고 사형에 처한다. 소필적은 조정 회의에 부치겠다."

한숨을 돌린 것도 잠시, 청천벽력 같은 결과가 내려졌어요. 은천이는 하늘이 노래져서 정신을 차릴 수 없었지요. 소필적이 소리쳤어요.

"우리가 위험에 처하게 한 게 아니에요. 원래 말을 타고 우리 앞으로 달려왔다고요."

필적이가 벌떡 일어나 소리를 치며 펄쩍펄쩍 뛰었어요. 은천이는 간신히 필적이의 팔을 붙들고 있었어요. 병사들이 둘을 주저앉히려고 몽둥이를 휘둘렀어요. 사방에서 날아오는 몽둥이 찜질이 얼마나 아픈지

정신이 하나도 없었어요. 그때, 황후의 손을 잡고 있던 황자가 황후에게 뭔가를 속삭였어요. 황후는 한참을 듣더니 고개를 끄덕이고 손을 들며 명을 내렸어요.

"그만 멈추어라."

황후의 얼굴이 무척 곤란한 표정이었어요. 한참을 뜸 들이고는 두 아이를 일으켜 주라는 손짓을 했어요.

"합탁이가 뭔가를 잘못 안 게로구나. 그리고 저 아이들은 황자를 위험에 빠뜨린 게 아니라 오히려 말에서 떨어지려는 황자를 구해 주었다고 한다. 내가 크게 오해했다. 오해한 잘못도 빌 겸 황자를 구해 준 것을 치하할 겸 큰 상을 내릴 것이다."

"휴, 다행이다."

은천이와 필적이는 손을 잡았어요. 두들겨 맞아서 여기저기 아팠지만 문제가 잘 해결돼서 다행이었지요. 둘은 일어나 황후에게 머리를 조아렸어요. 황후가 웃으며 말했어요.

"상으로 무엇을 원하는지 말하도록 하라."

필적이가 우렁차게 대답했어요.

"원하는 것은 없습니다. 그냥 이 친구가 무사히 돌아갈 수 있게 해 주세요."

"황자의 목숨을 구한 것은 엄청난 공이다. 그러니 원하는 것을 말하

도록 하라."

은천이는 머뭇거렸어요. 황후가 눈치를 채고 어서 말하라고 손을 흔들었어요. 은천이가 겨우 입을 열었어요.

"혹시 가능하다면 노예를 풀어 주시면……."

"노예라고?"

"예, 저기 저……."

은천이가 손을 들어 사미 아버지를 가리켰어요. 사미 아버지 옆에 섰던 사람이 알아채고 사미 아버지를 앞으로 밀었어요. 사미 아버지가 앞으로 나와 무릎을 꿇었어요. 소합탁 아버지가 말했어요.

"고려 출신 노예로군."

황후가 소합탁 아버지에게 뭔가를 속삭이고는 모두에게 말했어요.

"황자의 목숨을 구했으니 그 정도는 들어줄 만하다. 저 고려 노예를 풀어 주도록 하겠다. 계속 여기 살아도 되고 원하면 고려로 돌아가도 좋다."

사미가 좋아서 팔짝팔짝 뛰었어요. 필적이 웃으며 은천이를 향해 말했어요.

"나도 집에 가면 사미를 풀어 달라고 할게."

둘은 합탁이 집을 빠져나왔어요. 황후가 덤으로 안겨 준 비단과 향기로운 차 선물을 실은 수레가 둘의 뒤를 따라왔어요, 사미가 은천이에게 다가가 말했어요.

"이 책은 내가 태워 버릴 테야."

은천이가 웃으며 고개를 끄덕였어요. 밖으로 나오니 여진이가 가만 기다리지 못하고 밖에 서 있었어요. 얼마나 동동거렸는지 짚신이 닳아 너풀거렸어요. 무사히 나오는 세 사람을 보고 울음을 터뜨렸어요.

"왜 이제 나와요. 뭔 일이 난 줄 알고 가슴 졸여 죽는 줄 알았다고요!"

제일 나이 많은 여진이가 울음을 터뜨리자 사미가 우습다며 깔깔댔어요. 여진이가 눈물을 쓱 닦더니 물었어요.

"왜 웃냐? 그러는 너도 눈이 퉁퉁 부었구먼."

사미는 민망한지 못 들은 척 앞서 걸었어요. 어찌나 빠른지 남자아이들이 한참이나 따라잡지 못했지요.

시간이 지나고 고려 학동들은 무사히 요나라 유학 생활을 마쳤어요. 딱 2년째 되던 날, 학동들이 모여 길 떠날 준비를 했어요. 학당의 다른 반 아이들이 모두 나와 고려 학동들을 배웅했어요. 친해진 아이들은 서로 손을 잡아 흔들며 아쉬워했어요. 박사들과 학당의 다른 일꾼들도 모두 손을 흔들었지요. 그중에 소필적은 끼어 있지 않았어요. 은천이는 아이들 틈에서 필적이를 한참이나 찾았어요. 한참 있다 소필적이 나타났어요. 눈이 빨개져 있었어요. 은천이는 모르는 척하고 필적이의 어깨를 툭 쳤어요.

"다음에 또 올 거니까 너무 서운해하지 마. 내가 외교를 하는 문관이 되기로 했거든. 사신으로 자주 오게 될 거야."

"그 전에 내가 갈지도 몰라. 우리 아버지가 고려와 가까운 동경부의 유수가 되면 나도 따라갈 거거든. 그럼 국경의

동경부 유수
요나라는 전 영토를 상경과 동경, 중경, 서경, 남경으로 나누고 각 부의 최고 우두머리로 유수를 두었어요.

무역 시장에서 보는 거야."

아쉬움을 뒤로하고 고려 학동들은 길을 떠났어요. 떠나는 무리에는 사미와 사미 아버지도 끼어 있었지요. 사미와 사미 아버지는 필적이가 준 선물들을 지고 있었지요. 멀리서 필적이가 소리쳤어요.

"은천아, 사미야, 잘 가라! 여진이도! 금방 만나자. 나도 고려 말을 배워 둘게!"

은천이와 사미가 손을 번쩍 들어 흔들었어요. 여진이가 둘을 따라 힘차게 손을 흔들었어요.

고려 속의 외국인과 고려의 외국인 정책

한국을 외국 사람들은 영어로 '코리아'라고 하지요? 코리아란 바로 고려에서 나온 말이에요. 고려 시대에 그만큼 외국과 교류가 활발했고 우리나라가 전 세계로 알려졌지요. 교류가 활발했던 것은 고려가 외국 사람들을 향해 문을 활짝 열어 두었기 때문이에요. 무역을 하기 위해 송나라와 아라비아, 동남아시아의 여러 나라뿐 아니라 일본과 거란, 여진 등이 드나들었어요.

고려는 무역뿐 아니라 발달한 제도나 문물을 받아들이기 위해서도 외국인을 두 팔 벌려 환영했어요. 특히 학문이 고려보다 발달한 중국에서 지식인들이 오면 어떻게 해서든 주저앉히려 했지요. 그중에서도 고려의 4대 임금 광종은 사신으로 온 후주의 쌍기를 눈여겨보았어요. 쌍기는 고국으로 되돌아가는 날 아프다며 남았는데, 어찌어찌해서 고려에 귀화해 고려의 신하가 되었어요. 어떤 사람은 그래서 광종이 모종의 거래를 해서 쌍기를 주저앉히지 않았을까 추측하기도 해요. 어쨌든 쌍기는 고려에 남아 관리가 되었어요. 그리고 중국의 발달한 제도를 전수해 주었는데 그중 가장 대표적인 것이 과거 제도랍니다. 관리를 뽑을 때 집안을 보고 뽑지 말고 과거 시험을 봐서 실력에 따라 뽑으면 그 관리들이 운영하는 나라는 훨씬 발전하리라는 것이죠. 광종은 쌍기의 건의에 따라 과거 제도를 도입했고 이후 조선 시대가 망하기 전 1894년까지 거의 1,000년을 이어지게 됩니다.

이후 채인범이란 사람을 비롯한 중국의 관료들이 고려에 넘어와 문서를 관리하고 학문의 수준을 높였어요. 한문으로 모든 문서를 처리하던 시대라 한자를 쓰는 중국인들에게 유리했으니까요. 더 많은 인재를 들여오기 위해 중국 지식인을 우대해 주었는데 이것이 지나쳐서 고려 관리들의 불만을 사기도 했지요.

이후에도 새로운 꿈을 꾸며 고려에 들어온 중국인들이 많았지만 시간이 지나면서 고려의 수준이 높아지게 돼서 중국인이라고 모두 대우를 받지는 못했어요. 무조건 관리로 채용하던 것을 폐지하고 중국인 관료 출신이라도 고려에서 다시 과거 시험을 보도록 했지요. 100년쯤 흘러 고려 문종 때 중국 송나라에서 온 양진이라는 사람은 고려의 과거 시험에 연거푸 떨어지고 결국 다시 고향으로 되돌아갔어요. 발달한 문물을 두 팔 벌려 받아들인 고려가 시간이 흐르면서 성장한 결과였지요. 고려는 우리 민족을 세계에 알렸고 세계를 우리 품에 품었던 시대였어요.

● 읽고 나서 생각하기 ●

'코리아'는 '고려'를 부르는 말

　보통 세계를 지배했던 대제국을 꼽으라면, 모든 길은 로마로 통했다는 로마 제국, 칭기즈 칸의 몽골 제국, 해가 지지 않는 나라 대영 제국, 그리고 오늘날의 미국입니다. 이들 나라는 세계에서 가장 부강한 나라라는 특징이 있습니다. 그렇게 된 이유로 '열린 나라'라는 점을 들곤 하지요. 열린 나라란 그 나라를 이룩한 민족들이 똘똘 뭉쳐 자신들끼리만 꾸려 나가는 것이 아니라 다른 나라의 다른 민족들을 받아들여 잘 융화해 나간다는 뜻입니다. 로마 제국은 정복한 여러 민족을 끌고 와 노예로 만들었지만 일정 시간이 지나면 시민으로 받아들였습니다. 원나라의 수도에는 세계 모든 종교의 건물들이 모여 있었다고 합니다. 오늘날 미국이 얼마나 다민족들이 섞여 세계 최강국을 이룩하고 있는지는 누구나 잘 알고 있을 것입니다. 고인 물은 썩고 흐르는 물은 늘 맑듯 세계 대제국이라고 일컫는 나라들은 다른 민족들과 원활히 교류하고, 그들이 다가올 때 기꺼이 자리를 내주고 함께 살아갔습니다.

　거란족이 세운 요나라는 동아시아에 국한되어 있고, 잊힌 대제국이지만 예외 없이 이런 특징을 가지고 있습니다. 흔히들 잔인하고 힘만 센 유목민의 나라라는 선입견을 가지고 있지만 사실은 자신만의 화려한 문명을 가지고 있었고, 그것을 중국의 한족, 서하의 탕구트족, 여진족과 고려의 한민족 등 여러 민족과의 교류와 접촉을 통해 대제국을 이루고 화려한 문명을 이루어 냈지요. 자신만의 글자가 있었고, 흉내 내기 힘든 불상과 탑들이 남아 있으며, 중국을 능가하는 화려한 도자기도 있답니다. 이런 것들을 보면 거란이 세운 요나라가 당시 동아시아를 주름잡은 대제국이었다는 것을 알 수 있지요.

　그런 거란도 힘으로 누르지 않고 늘 구슬러 보려고 하는 나라가 있었습니다. 바로 고려입니다. 거란은 고려에 사신을 자주 보냈고, 고려도 거란과의 외교를 위해 거란 언어를 배우고 문물을 주고받았습니다. 고려는 거란 못지않게 세계를 향해 문을 활짝 열고 여러 문물을 주고받으며 성장하고 있었습니다. 예성강 끝 벽란도라는 항구에는 중국의 송나라, 여진족, 왜 그리고 아라비아 등의 배들이 자주 오가며 그들의 문물을 전해 주고 고려의 문물을 알아 갔습니다. 고려의 종이나 붓 만드는 기술은 중국에서도 알아줄 정도였고, 비단이나 도자기 등도 무척 발달했습니다.

특히 아라비아 상인이 오갔던 사실은 고려가 얼마나 세계를 향해 문을 활짝 열었는지 알 수 있게 합니다. 세 번 정도 오갔던 기록을 보이는 아라비아의 상인들은 몰약이나 상아, 유향과 같은 서쪽 지역만의 물건을 가지고 들어왔고, 고려의 왕은 이들에게 금과 같은 선물을 내렸다고 합니다. 그래서 그들이 세계로 나가 동방의 끝에 무척 개방적인 코리아라는 나라가 있다고 알리지 않았나 추측하는 사람들이

많습니다. 고려를 자신들만의 발음인 코리아로 부르면서 우리나라가 코리아로 불리게 된 것이라고요. '코리아'는 고려 사람들의 세계에 대한 자세를 볼 때 아주 많이 열린 태도를 상징적으로 보여 주는 이름이라고 할 수 있습니다.

    오늘날 세계 어느 나라도 자기 민족끼리만 살아가지 않습니다. 다른 민족과 교류하면서 자신의 약점을 보충하고 상대에게 좋은 점을 전해 주면서 함께 잘 살아가는 세계를 만들고자 노력하고 있지요. 우리나라도 동남아시아를 비롯해 여러 나라의 사람들이 이주해 오고 있습니다. 그런데 가끔 다문화라는 이름으로 받아들이면서도 감정적으로 따돌리려는 사람들도 있습니다. 나라 문을 걸어 닫고 다른 민족을 거부하는 태도는 자신을 고인 물로 만드는 것입니다. 고려가 세계를 향해 문을 열었듯 우리도 세계화를 통해 어떤 자세를 갖춰야 하는지 생각하는 계기가 되었으면 합니다.

국립중앙도서관 출판시도서목록(CIP)

요나라에 간 고려 유학생 / 글: 손주현 ; 그림: 최현묵. —개
고양 : 위즈덤하우스 미디어그룹, 2018
  p. ;   cm. — (어린이 역사 외교관 ; 04.고려 전기)

ISBN 978-89-6247-977-5 74910 : ₩12000
ISBN 978-89-6247-920-1 (세트) 74910

고려사[高麗史]
911.04-KDC6   CIP2018029542

어린이 역사 외교관 04 고려 전기

요나라에 간 고려 유학생

초판 1쇄 인쇄 2018년 9월 27일
초판 1쇄 발행 2018년 10월 5일

글 손주현   그림 최현묵
펴낸이 연준혁   스콜라 부문대표 신미희

출판5분사 분사장 윤지현   편집 김숙영   디자인 초록달팽이

펴낸곳 (주)위즈덤하우스 미디어그룹   출판등록 2000년 5월 23일 제13-1071호
제조국 대한민국   주소 경기도 일산동구 정발산로 43-20 센트럴프라자 6층
전화 031) 936-4000   팩스 031) 903-3891   전자우편 scola@wisdomhouse.co.kr
홈페이지 www.wisdomhouse.co.kr   스콜라 카페 http://cafe.naver.com/scola1

ISBN 978-89-6247-977-5 74910
ISBN 978-89-6247-920-1(세트)

이 책은 저작권법에 따라 보호받는 저작물이므로 무단전재와 무단복제를 금지하며,
이 책 내용의 전부 또는 일부를 이용하려면 반드시 저작권자와 (주)위즈덤하우스 미디어그룹의
동의를 받아야 합니다.
＊잘못된 책은 바꿔드립니다.   ＊이 책의 사용 연령은 8~13세입니다.

스콜라는 (주)위즈덤하우스 미디어그룹의 아동·청소년 브랜드입니다.